だれでもできる大往生

落語と説話に学ぶ「さとり」41話

Kamei Hiroshi
亀井鑛

興山舎
KOHZANSHA

はじめに——あなたならどうする⁉

『だれでもできる大往生』という一冊を、出していただくことになりました。

『落語で大往生』につづいて、「大往生シリーズ」として二冊目、と出版社から告げられて、あらためて口ずさんでみますと、なかなかりっぱな題名だと思えてきました。大往生はだれもがしたい、けど、なかなか難しいかも、と戸惑いますが、実は、だれでもみんな大往生できるのです。そして、しなければならないのです。それが仏教の根本義です。

経典（大無量寿経）にも、そのおしまいの方に「皆《かい》当《とう》往生《おうじょう》（皆、当《まさ》に往生すべし）」の語がくり返し出てきます。往生という言葉はふつう、行き詰まってどうしようもないとき、「往生した」などとまちがって使いますし、また命が終わって死ぬことでもありません。

往生とは、迷った人間が、本当の人間として道をひるがえし歩むこと。その道を往生道といい、道を歩んだ人、現に歩む人を往生人《にん》といいます。歩むんですから、生命ある間、ただ今のここを歩む、それが仏道、往生極楽の道。

それはだれでもできる、またしなくちゃならない人間成就（成仏）への道。その歩みの風光、景色を、古い、おなじみのおとぎ話や、親しみやすい落とし噺《ばなし》（落語）などに、仏光という照明《ライト》をあてて、七彩に照らし出したのが、月刊『寺門興隆』誌から現在の『月刊住職』誌まで、不肖私の執筆させていただく「伝承説話の智慧」「生きるとは何か」十五年間の連載です。この本はその中の四十一話です。

そして、そこにはただ漫然と風景を眺めるだけでなく、どうすればこの私が大往生できるかのノウハウ、実践要領を、常に念頭に置いてきたつもりです。

それを端的に一言でいうなら、やはり経典の「汝自当知《にょじとうち》（汝自《なんじみずか》ら、当《まさ》にその身を俎《まないた》にのせて聞いていけ――大無量寿経）」の、先覚者、如来からの金鉄の一言です。どこかだれかのお話、他人事でない、わがこととして身につまされて知れ、の切言です。

「わが身を通せ。自分自身に目を向けろ。自己を知れ」と呼びかけられ、しかも「罪深く愚かな、反逆者の自分」と、その正体が曝露《ばくろ》される。これは、私にとって、一番触れてほしくない、やり切れない、身が痛む課業です。顔をそむけます。逃げたくなります。認めたくありません。だから、話を、目線《めせん》を自分抜きで、自分以外の他者ばかりに向けて、外向きの目、傍観者の立場でしか見ようとしません。

だからして大往生、「皆当往生」の道は、だれでもできるのだけれども、めったに人が往《ゆ》かないのです。往こうとしないのが現実です。経典に「易往而無人《いおうにむにん》（往き易くして往く人無し）」と述べられる通りです。

さあ、あなたならどうする⁉

どこまでも自分抜きの傍観者で、シラをきって逃げのびるか、それとも観念の眼を閉じて、「恐れ入りました。罪悪生死《しょうじ》（罪ばかりつくる悪人で、生きることにだけとらわれ、死ぬことを忌《い》み嫌う、迷いから一歩も出られぬ愚かな存在）の凡夫。それはこの私でございました」と白旗をあげるか。

「汝自当知」たったこれ一つ。ほか、何もいらない。教えの言葉をわが身に受けることで、大往生は「皆当往生」、今すぐここに、だれでもできる道に成るのです。どうか、そんな身構えで以下の本文をお読み進めください。

だれでもできる大往生

目次

第二章　ありのままになれませんか　55

第二章　驕った心になっていませんか　107

第四章　狭い価値観にとらわれていませんか　153

第五章 死ぬことを怖がっていませんか 185

第六章 あなたならどう生きますか 217

絵　山本慶子
装丁　長谷川葉月

第一章 欲ばりすぎていませんか

鬼とは私のこと

日本仏教説話［嫁威し肉付きの面］

日本仏教、とりわけて浄土教の中では伝承説話として最もポピュラーなのが、越前吉崎・嫁威《よめおど》しの肉付きの面の伝説です。本願寺再興の祖八代法主蓮如上人にまつわる話で、文明年間、上人が吉崎に本願寺を移し、教化に力を尽くされていた頃、近在の農家の若嫁お清《きよ》が、幼子《おさなご》をなくし、吉崎御坊《ごぼう》へ通って仏法聴聞《ちょうもん》にいそしむのを、近隣の者が賞《ほ》める。それをねたんだ邪険な姑《しゅうとめ》の老婆が、嫁の寺参りを邪魔しようと、夜毎、鬼の面をかむって、峠の林で待ち受け、帰り路の嫁をおどすけれど、めげずに仏法をよろこぶ嫁。
今夜も帰りを待ち伏せ、おどしておいて一足早く戻った姑が、鬼の面をはずそうとしても顔の肉に貼りついた面が離れない。無理に引っ張れば血がにじむ。あわてるうちに嫁の帰った気配から、「今は……」と、肉に食い込んだ面のまま、嫁の前に出て「みんな私の所業だった。根性のねじれたこの私を、どうか許して……」と頭の下がったとたん、鬼の面がポトリと落ちた。手と手をとりあう嫁と姑。それ以来二人はそろって、吉崎御坊へ上人の説教を聞きに通う仲になった、ということです。

あらまし、こんな話が、五百年も前から伝えられ、今も吉崎御坊の東西本願寺別院には、それぞれ老婆のかむっていた肉の付いた鬼面が、寺宝として参観の目玉になっています。「どっちが本物か」といった無意味な詮索話でなく、その鬼面に、私自身の投影をうつし見なくてはならないのでしょう。それが宗教的姿勢として大切です。

鬼の面が顔に貼りついてとれなくなるというのも、仏罰覿面《ぶつばつてきめん》とか奇瑞奇蹟ということでなく、「習い性と成る」と昔からいわれるように、老婆の邪険な企みが度重なるにしたがって、だんだん顔つきまで鬼さながらに変貌していったことを、象徴的に表されているのではないですか。

他人事でありません。この私が、老婆そこのけの生きざまで日を過ごしているではないですか。

この話は信心深い、気立てのいい若嫁さんをほめる話ではありません。この私と同じ根性の、自尊勝他の思いに凝り固まる姑の、心の転回（仏教で回心懺悔《えしんさんげ》という）こそが軸なのです。

しばらく前、吉崎界隈に、仏法聴聞の女性グループで「鬼ババァの会」というのがつづいていたそうですが、今はどうなっているでしょうか。そこでは毎回集まって談合していく間に一人また一人と、「この私こそ鬼ババァでありました」と回心懺悔をとげて、ポトリ、またポトリと面が落ちていたのではないでしょうか。鬼の面は一つや二つでなく、無数にあったはずです。多ければ多いほど、めでたいんではないですか。

ともあれこの話は老婆の回心が中心であり、私たちが仏法を聴聞するのも、この回心をいただくためのものであり、回心体験をくぐることを、信心いただくとか、信心決定《けつじょう》といわれているのです。

その回心、信心決定とは、今一つ具体的にいうなら、いつでも自分を絶対化して偉ぶり、正当視して、他者ばかりを批判し、責め、裁く、道理に背く私の心の傾向性（それを自力執心《じりきしゅうしん》という）に、ハタと気付かされ、「あ、とんでもない私だった。鬼とはまさしく私自身だった。あいすまぬ。おはずかしい」と頭が下がる時、その時は、もう食い込んで離れなかった鬼の面がポトリと、ひとりでに落ちる時です。それをインドの言葉でナム（南無）という。回心、信心決定です。そこから嫁姑二人が手をとりあい、仲よく聞法《もんぽう》に出かけるという、明るく和やかな世界がひらける。それをインドの言葉でアミダブツ（阿弥陀仏）といわれる。南無阿弥陀仏の六字の意味いわれが、私たちの庶民生活のレベルで、深い共感をもよおさせながら、実践的にみごとに語られてある。これはやはり、庶民の間から生まれた仏教伝承説話でも、不朽の名作といえると、私は思います。

岐阜県真正町真桑地区（真桑瓜《マクワウリ》の産地でも有名）の農家の人たちの手で現代に伝承される民俗文化財「真桑文楽」の主要演目に、この「嫁威し肉付きの面」の一段があります。

この文楽人形芝居の筋の運びの中で、一心に念仏を称えたら、不思議や不思議、あれほど食い込んでいた鬼の面が、たちまち落ちた霊験《れいげん》功力《くりき》といった具合に、口《く》唱《しょう》念仏の神秘的な働きを、あられもなく誇張して語られはせぬかと懸念していましたが、そこはやはり姑の回心懺悔の時を明確に踏まえた称名念仏として描かれていました。さすが長い歴史を通じて伝わっただけのことはあるなと敬服しました。この文楽は今も多くの要請に応え、遠近各地で上演していますので、お寺の催事などには絶好のイベントになります。

根本からの目違い

落語［景清］

「おや、定次郎じゃないか。お前、柳谷《やなぎだに》の観音さまへお籠もりして、目の見えるよう願掛けしてたそうなが。京都でも一、二の腕前の木彫師《きぼりし》のお前が、女と酒の道楽が過ぎて、眼疾《そこひ》で目が見えへんようなってしもた。気の毒なと案じてたけれど、ご利益《りやく》はどうやねん」

「へえ。三七《さんしち》二十一日目の満願の夜更《よふ》け、わたいの隣りで同じお籠もりしてる目の見えん若い女と気易うなって、賽銭箱ぶっちゃ返してその金で、二人して料理屋で飲んで食って明かしたはいいが、それからもう目がうずいてうずいて……」

「そら罰《ばち》があたったんや。どないするつもりや、え。ま、済んだことはとにかく、柳谷はしくじったが、清水《きよみず》の観音さんが霊験あらたかて評判や。源平の昔、平家の悪七兵衛景清《あくしちびょうえかげきよ》ちゅう侍大将が、わが手で両眼をくり抜いて奉納したちゅう縁《ゆかり》のあるあらたかな眼の専門の観音さまや。ここへ百日籠もりなはれ」

年寄りの甚兵衛さんにすすめられるまま一日も欠かさず参籠し、今日が百日目。

「延命十句観音経。観世音南無仏、与仏有因、与仏有縁、仏法僧縁、常楽我浄、朝念観世音、暮念観世音……南無楊柳観世音様。なにとぞ両眼おさずけくださるよう、今日が百日満願になりますねけど……。こら、どうなったるねん。眼があかんがな。観音さん、お忘れやおまへんか。定次郎でおます。手拍手打ちまっさかい、ぱっと明けてくだはるようおたの申します。ひい、ふうのみっつ……。あかんがな。こらっ、観公、観的、観じるし、おのれや、わいの目ひとつ、ようあけさらさんのか。そんならなんで初めにそれいわんのや。今頃んなってようあけんとは殺生《せっしょう》やで。わいはな、一日と賽銭とどこおらせたことないのんじゃ。これ観公、賽銭盗《ぬす》っ人《と》」――後ろでこっそり聞いていた甚兵衛さんに叱られても、「こんな観音さん、面当《つらあ》てに死んだる。わてが死んだら、家で観音さまに手合わせて待っとる母者人《ははじゃびと》かて生きてしまへん。母子二人の人殺し観公め」と毒づき戻る足で山内《さんない》を出たとたん、ガラガラピカッザザアッと雷まじりの大雨で、雷に打たれて気絶。ふっと息を吹き返した夜更け。夢枕《ゆめまくら》に立った楊柳観音から、

「罪深き汝《なんじ》ながら、その母の信仰心に免じて、大昔預かってあった景清の両眼をそなたに貸し与えん。ゆめゆめ疑うことなかれ」――目が覚めると両眼が開いて、以前に増してはっきり周りが見える。喜んで夜が明け帰宅する途中で、大名《だいみょう》の清水参りとぶつかり、芝居の景清もどきの大乱闘。駕籠《かご》のお殿《との》さんと向き合って、

「我こそは平家の一門、悪七兵衛景清なり。汝ら如きから下におろうないわれやあらん。何を小《こ》しゃくなぁ」と見えを切る。お殿さん、「こりゃ、不憫《ふびん》な奴。そちゃ気が違《たご》うたか」

「いや、目が違いましたんやがな」――。

四百年も昔からある上方落語「景清」。これを聞いて、私の一番身につまされて、居ずまいを正さずにおれないのが、目の明かぬ定次郎が観音さまに食ってかかる台詞《せりふ》です。

ここにいみじくも露《あら》わになっている根性。私をはじめ誰しもが胸の底奥深くにひそませている魂胆、根性ではないですか。

神仏《かみほとけ》の信仰沙汰ばかりでありません。およそ明けても暮れても人間万事の一挙手一投足に、この根性が貼り合わさってついてまわっています。ソロバン勘定、計算ずく、当てことだのみの強《したた》かな思惑。

よく「人が下手《したて》に出りゃつけ上がりゃがって」という台詞が、口を出ます。この私が下手に出るのも、相手の反応をあらかじめ計《はか》って、勘定にいれての下手です。当てがはずれれば、とたんに上《う》わべの衣《ころも》をかなぐりすてて、下地の鎧《よろい》がにらみをきかせます。観音さまもたちまち観公、観的、盗っ人呼ばわりです。夫婦から親子兄弟、会社の仲間どうし、お隣りご近所のつきあい、そして国と国との共存共栄といった場合だって、この魂胆、根性は根を張ってゆるぎません。

まさに人類の歴史は、この魂胆、根性ひとつにわざわいされて、いがみあい、争い、はては殺し合って、流転輪廻《るてんりんね》の業苦《ごうく》を重ねて、いまだに出口にたどりついていないんでないか。

その中で二千数百年の昔、お釈迦さまだけが、

「違うぞ。この人間の迷妄性の根元に気付け、超えろ」

と呼びかけてくださっているのです。

何が違っているのか。気でもない、目でもない。

「世界は自分ひとりのためにある。万事自分の思い通りになって当たり前。結局のところ自分さえよきゃそれでいい」という、我《われ》に執《と》らわれた心の据わりそのものが、根本《こんぽん》からまちがっているのだぞと、呼びかけつづけてくださっていますけれど、全世界に滲透しないいんです、いいえ、私一人において身にしみて受けとめられないのです。

世界で一番は私

グリム童話［白雪姫］

グリム童話の中で、最高人気といえる『白雪姫』。

その初版本（白水社刊）には――、お城のお妃様《きさき》は、いつも魔法の鏡に向かい、「世界で一番美しいのは誰？」「それはお妃様、あなたです」といわれて満足していましたが、「あなたより千倍も美しい人がいる。それはお城の白雪姫」といわれ、怒りと妬《ねた》ましさから、狩人《かりうど》にわが子の白雪姫を殺すよう命じました。しかし、狩人は姫がかわいそうで殺せず、こっそり森の奥へ逃がしました。白雪姫は森の奥深くで、鳥やけものや七人の小人《こびと》と楽しく暮らしていました。

城の妃が鏡に、「世界で一番美しいのは誰？」と問うと、「白雪姫。まだ生きている」と答えます。怒った妃は自身が物売りに姿を変えて、森の奥の小人の家を訪ね、留守番をしていた白雪姫の首を紐《ひも》で絞め、殺します。でも小人たちの処置で無事生き返ります。城へ帰り、鏡に「世界で一番美しいのは誰？」と問うと、また「白雪姫。まだ生きている」と答える。

妃はまた変装し、小人の家で毒を塗った櫛《くし》を売り、それで姫を殺しますが、また小人らの助けで失敗に終わります。

今度こそ何が何でもと妃は、毒リンゴを姫に食べさせ、永遠の死の眠りにおとします。もう小人の力も及びません。でも姫の身体は少しも変わらず、眠っているように臥《ふ》せっています。

そこへ姫を探し、訪ねてきた遠い国の王子様が、ガラスの棺の中の姫に口づけをします。と、眠りから醒《さ》めたように白雪姫は蘇《よみがえ》り、二人はいっしょに馬で王子様の城へ向かいます。

どうしても世界で一番美しい人になりたいお妃は、二人の結婚の祝宴で踊りながら、炎《ほのお》に包まれて焼け死んでしまいました——。

この話の表の女主人公《ヒロイン》は白雪姫ですが、裏の主役は、お妃。「世界一の美人は誰？」「それはあなた」「いや、千倍も美しいのが白雪姫」——。

話の中に、まるで歌の畳句《リフレイン》みたいに、何度も何度もくり返される、この鏡との対話が話の主題です。

人間誰もが、誰よりも一番でありたい、勝とう負けまいの思いがあるものです。でもそれは手前勝手、法に違《たご》うた考え、道理にはずれたあり方。通りません、かないません。

「私が一番の美人だ。一番でありたい」の執着心、計算、自意識それ自体がもう醜さ、汚《きたな》さとなって働きます。お妃と違い、白雪姫にはそれがない。

九州、都城《みやこのじょう》の木幡一子さん。その名の通り、何でも一番で通してきました。小、中、高校ずっと無欠席皆勤。図工、運動競技、何をやらせても負け知らず。高校卒業後、念願の郵便局に勤め、やがて結婚。両親と同居の生活も「この私ならできる」と、妻・嫁・母、そして共働きの一人四役を、みごとにこなせるつもりが、どっこいそうはいかなかった。家族関係のあれこれで気苦労が重なり、なぜか下《げ》痢《り》や腹痛がつづき、病院からもらう整腸剤をのむうち、原因不明の神経麻痺《まひ》で歩行不能。入院中に夫が「お前みたいな根性の者は、これを読め」と、仏教書を差し入れてくれてもチンプンカンプン。

「やり手で、できのいい女房をもって、これまでの引け目を仕返しのつもりで、嫌《いや》がらせみたいに私をいじめる、底意地の悪い夫」とうらんで、離婚さえ考えたそうです。

結婚式を挙げたお寺のご住職夫妻が見舞いにきて、「この病気になってよかったと思えるまでになってください」と励まされたけれど、「こんなに苦しんでいるのに、なんて無責任な……」と反発するばかりでした。

やがて、神経麻痺は整腸剤キノホルムの薬害と判明。直ちに薬をやめたらピタリ進行が止まった。すぐ機能回復《リハビリ》の訓練。どうやら松葉杖で歩けるまでになって、夫婦でお寺へ通い、仏法聴聞するうち、人間の〝勝とう負けまい〟の意識、これまでの信条だった一番志向の生き方が、根本的な方角違い、自我執着を増強する方を向いていたのだ、とつくづくうなずかされてきた。

「一番になろう。私ならなれる。なってみせる」と、自分と相手を対立させ、他を追い越し、見下《みくだ》すという今日までの生き方が、殺伐として醜い、愚かさ、罪深さとして受けとられるようになった。思い上がりだった、ひとりよがりだった。

そのことに気付いてほしいの、夫の深い愛情をようやくにさとらされた。

「この人と結婚して、本当によかったと実感できた。それもこの病気になったおかげ」と、お寺の住職夫妻の言葉も心からうなずけたという。

今、一子さんはどうにか職場復帰もでき、保険課の窓口に座っています。そこは家族の死や怪我、病気などから苦しい金銭沙汰のお客様との対応がつづく。そこで真に相手と共感し連帯するためには、愚かで無能無才の凡夫というところに立つ以外にないと思い知らされる毎日だといいます。

念仏しても喜べない

アンデルセン［裸の王様］

二〇〇五年はデンマークの童話作家ハンス・アンデルセンの生誕二百年の年でした。その代表作の一つ『裸の王様』に学びたいと思います。

――ある王様のところへ、よからぬ商人が出入りして、言葉巧みに王様に持ちかけました。

「私めの扱います衣裳は、世にも稀なすばらしい細工の着物で、一目見たなら誰もが、アッと息をのむ美しい織り物と仕立てで出来ております。ただ、賢い善人になら、それが見えますが、愚かな悪人の目には見えません。ですから、この衣裳を着ていれば、相手が賢い善人か愚かな悪人かがすぐわかります。まさに王様にふさわしい衣裳でございます。どうかこれを、王様のお召しものになさいますよう……」と、包みの中から取り出したのは、何もない空っぽのまま、身振り手振りだけで、商人はうやうやしく衣裳をひろげてかざして見せました。

　商人の手には布きれ一枚もありはしません。が、「何も見えないでないか」といえば、愚かで悪人であることを自分から名乗ることになるので、王様は、

「なるほど。いかにも美しいものだ。織り具合といい最高の出来栄えであるな」

「そうでございましょう。やはり見えるお方にはちゃんと見える。どうかご愛用のお召しものに」と、高いお金を請求して、王様に売りつけました。

　お城の家来がたから居並ぶ大臣たちの誰一人、新しい王様の衣裳を賞《ほ》めない者はありません。王様はそれを着て、都を練り歩くことにしました。噂を聞いた町中の人が王様の新しい衣裳を一目見ようとつめかける大通りを、王様は新しい衣裳で、もったいぶって行進しました。口々に賞讃の叫びをあげる群衆の中から、

子どもが「あ、王様は裸で歩いている」と指さしたところから、人々の間に偽りがかき消えて、ありのままが受けとめられていきました――。

この話は伝承説話ではなくて、アンデルセンのオリジナル創作なのかもしれません。でも世界中に有名になって、伝承説話並みに広く知れ渡っています。

私はこの話から、いつの時代にも変わらぬ、人の心の見えすいたとりつくろい、計《はか》らいの愚かしさへの、痛烈な諷刺を覚えて脇に汗する思いをもよおします。

とりわけて宗教の世界にこうした偽瞞《ぎまん》性を見せつけられるのです。教団と信者、寺と檀徒、説教と聴衆との間に、「裸の王様」さながらのくらましあい、だましあい、だまされあいを見せつけられます。

「どうしようもない罪深くあさましい凡夫の私。それをお目当ての、〃とり捨てじ〃のお慈悲深い弥陀如来様。そのやるせない大悲のお心をいただけば、ありがたやかたじけなや、もったいなや、嬉し恥ずかし仏恩報謝の称名念仏申さずにおれんでないか」と、独特の抑揚をつけたダミ声で煽《あお》り立てられますと、聞いた方では「喜ばなくちゃ聞いたかいがない。ありがたがらなきゃ信心いただいたとはいえぬ」と、自分で自分に言い聞かせて、身をよじらせて自己暗示をかけ、自己催眠させられていくといったやりとりが、これまでも今でも、昔ながらのお寺の本堂での説教にずい分あったようです。それにふさわしい雰囲気や話術の巧みな演出で、一座に集《つど》う〝善男善女〟をみごとに酔い眠らせる、そこは熱っぽい催眠窟でした。

そういう説教の酔いは、お寺の門を一歩出たとたんにさめてしまう、はかない「寺さめ信心」でしかありません。

「喜ばずにおれんところから、その報恩の思いをお寺へのお取り持ちすることこそ報恩行《ぎょう》」と、寺院経営優先の体質と表裏一体になった恩寵信仰が、長い歴史の中で澱《よど》んできたのではないですか。

アンデルセンの『裸の王様』では、町を練り歩く王様を見た子どもが、「あ、王様は裸だ」と、ズバリ真実を明かしました。宗教の世界でも、この子どもの声に相当する真実のさけびがなくてはなりません。その一例。

『歎異抄』第九章で、若い門弟の唯円が師の親鸞に、「念仏してもちっとも喜べません。またいつ死んでもいい心になれない私です。こんなことでどうしたらいいでしょうか」と問うと、「この私も同じ心なのです……」と語り始められる一条があります。

「宗教すれば喜べる、いつでも死ねる心になる」という執《と》らわれ、擬態が破られるところから、いつでもどこでも誰でもの生命通う宗教が語られ、「喜べぬ、死にともない」こそノーマルなので、「喜べる」などというのは、煩悩がないというに等しい奇怪な話だ、と言い切られます。

唯円の周りの者たちは、見えもしない王様の衣裳を、「この私には喜べる、いつでも死ねる」と、はやしたてていた心ない輩《やから》ばかりだったんでないか、と思わされます。

「私みたいなブスを」

阿含経〔茉莉花王妃〕

原始仏教経典に阿含経《あごん》があります。漢訳されて四阿含、パーリ語の原典は五部から成るという。阿含とは、パーリ語のアーガマの音写で、意味は「伝え来たった経」、つまり「伝承経典」の意味。釈尊の没後、弟子たちが結集して、伝え聞いた釈尊の教言を編集記録した、一番古い経典群です。

パーリ五部の中で、直接釈尊の教えが記録されて、生ける釈尊の姿をほうふつさせる記録が、第三相応部経典の数々で、いずれも短い、簡潔な記述ばかり。漢訳四阿含でいうと第三雑《ぞう》阿含経に当たる。その相応部経典の中に有名な話があります。『茉莉花王妃《マツリカー》』の話です。

——あるとき釈尊が舎衛城におられたとき、その国コーサラの王波斯匿《ハシノク》とその美しい妃《きさき》茉莉花が城の高殿で語り合った。

「茉莉花よ。そなたは自分自身をおいて、それ以上に愛するものがあると思うか」

と、重い問いを問うた。妃は、

「大王よ。私にはこの自分自身より以上に愛するものがあろうとは思えません。あなたはどうですか」と、目を伏せた。二人の思いは一致した。でも王は考えた。

「自分にはそうとしかいえない。しかし、そんなことでいいのか。傲慢不遜で利己的な考えでないのか」

王は滞在中の釈尊に、夫婦の対話をつぶさに報告し、自らのためらいと疑いをたずねてみた。釈尊は聞き終わり、深くうなずかれ、

「人は誰であれ、自分自身以上に愛するものなどあり得ない。おたがいに、誰も皆同じ。だから、それを知る限り、他人を損ない、危《あや》めることはできないではな

いか」と語られた、という――。

私たち人間の心の表層は、寝ても醒めても、自己関心、自分中心でぬりかためられています。そして誰より自分が一番かわいい。我愛の心です。

それは波斯匿王夫婦が感じたとおり、傲慢不遜な利己的な心の傾向にちがいありません。しかし、釈尊が「おたがい、誰も皆同じ」といわれたからといって、大手を振って「それでいいんだ」とのさばり返ることは出来ません。そのおのが愚かさ、罪深さ、法義に背くわが姿に閉目拝跪《へいもくはいき》するほかないではないですか。それに気付かされれば、「すまぬ、申し訳ない、おはずかしい」の恐懼慚愧《きょうくざんき》の思いがないはずがない。ひとりでにそうした思いが連動してこみあげてこずにいないんでないですか。

ですからこの「すまぬ、申し訳ない、おはずかしい」の感懐が中心軸で、そこから後はどうせんでも、他人のその同じ思いを認め、尊び、わかり合わずにおれません。これ自然のなりゆきです。

キリスト教信者だった八木重吉の詩に、

ゆるされ難い私がゆるされている
私はたれをも無条件でゆるさねばならぬ

というのがあります。キリスト教的教条性が、「ゆるさねばならぬ」と強く出ていますが、仏教なら「ゆるさずにおれぬ」の方がふさわしいように思えます。念仏の教えもこのことを私たちに呼びかけ、自覚せしめてくれます。

あるお寺で、

「ただ話を聞いてわかったといっているだけでなく、自分自身のわが身に当てて、不出来なくせしていっぱし以上に自惚《うぬぼ》れている自分本位の自分と気付かされる。それを南無という。南無したら、そこにどんな阿弥陀仏という、如来さまからの賜りものがいただけるか、実地に自分で体験してみよう」と申し合わせ、次回に臨みました。

一人のメンバーが、

「私、うちで父《とう》ちゃん（夫のこと）に南無したら、父ちゃん、コロッと変わっちまった」という。聞けば、夕ご飯で夫の晩酌のとき、自分も冷や酒コップ一杯あおって、酒の勢いをかりて、結婚以来一度告白したかったが、いい出せなかったこと――「私みたいなこんなブスな女を、女房にしてくれて、すみません」と勇気を奮《ふる》って告白したという。これ、れっきとした南無だと私、思います。その証拠に父ちゃん、翌日から帰宅後、晩酌しながら、それまでは黙りこくって独り酒のんでいたのが、その日一日会社であったことのあれこれを、話して聞かせるようになった、という。勢いこちらも一日の家庭の出来事を細大報告しあい、晩ご飯が延々二時間もかかるようになったというんです。

私みたいなブス、これ、不出来な私ということでしょう。不出来なくせして、一人前以上の出来た女房のつもりで、お高くとまっている自分本位な自分。それを謝ったんです。それがみごとに通じた、通じずにいなかった。

阿含経以来のお釈迦さまの教えが、こんな具合に、現代の私たちの日常の日暮らしに反映、証明されずにいないんです。

煩悩との追っかけっこ

エジプト伝説［魔法使いの弟子］

ギリシャ神話よりも古い、エジプトの伝説です。

三十三年間、岩窟に籠もって、イシスの神から秘法を授かった大魔法使いパンクラーテスに、ナイルの河岸で出会った若者エウクラテスは念願かなって弟子入りしました。師匠と暮らしながらいろいろ魔術を教わるうち、どうしても教えてくれない術が一つある。師匠が外から帰ると、そこらの棒切れや箒《ほうき》、擂《す》り粉《こ》木《ぎ》などに布をかぶせて呪文を唱えると、人間の召し使いみたいに、炊事、洗濯、水汲み、何でもしてくれる。用が済むと呪文を唱えて、もとの姿に戻してしまう。何とかわがものにしたいと物陰に隠れて、ついに師匠の呪文を盗み聞きした。

さっそく師匠の留守に、覚えた呪文を唱えると、擂り粉木や箒が水汲みをはじめ、大きな水瓶《かめ》はたちまち満ちあふれた。ところが、もとに戻す呪文を忘れてしまったため、擂り粉木はいつになっても休まず水を汲みつづける。あわてた弟子は、斧《おの》で擂り粉木をまっ二つに割るが、擂り粉木は二人になってどんどん水を汲む。あせって斧を振るうと、二人が四人、四人が八人ときりなしに増えて水を汲み、とうとう道場が大洪水の水浸し。溺れかけたところへ師匠が帰ってきて呪文を唱え、たちまち水は退《ひ》いたけれど、おかげで弟子は即刻追放されてしまった、という。

――この話が、フランス、リュシアンの「リー・ファンシー」に転用されていたのを、ドイツの文豪ゲーテが『魔法使いの弟子《デア・ザウベルレーリンク》』の名で訳詩《やくし》に仕立てました。

その詩をもとに、フランス近代の作曲家ポール・デュカが、楽しい諧謔曲《スケルツォ》の交響詩にして、世界中の人気を呼んだ。さらにそれをアメリカのアニメ映画の名手ウォルト・ディズニーが不朽の名画『ファンタジア』の中で、名指揮者ストコフスキーとご存じミッキー・マウスの映像でみごとに視覚化して、この話は今日でも広く、世界中の大人、子どもの間に知れ渡っている、と、こういう文字通りの歴史的、世界的な伝承説話になりました。

さて、私はこの話や音楽に接するたび、というより、仏教で煩悩滅除とか煩悩度脱とか聞くたびに、この話ないし音楽を連想してしまうんです。擂り粉木がとめどなく水を汲みつづけるのに、向きになって一刀両断すると、相手は二つになって働きが倍加していく。また切りつければまた分かれて働きつづける。その有り様はちょうど私たちの煩悩との追っかけっこに、そっくりそのままでないかと思えてしまうんです。一つの煩悩を断《た》っても、そこにまた次の煩悩が立ちあらわれる。また切りつける、そこにまた別の煩悩が挑みかかるように私を悩まし、迷わせます。これ、切りがありません。

年の暮れに除夜の鐘といって、お寺で鐘を撞く。百と八つの鐘を撞くのは、百八煩悩を除却する意味をこめてのこと。しかし煩悩は百八どころか、八万四千ともいわれますように、まさに煩悩無数《むしゅ》の願文《がんもん》（四弘《しぐ》誓願）通り。それを精進努力して断滅することは、よほどの類いまれな能力を備えた人でなければ、常人凡夫の及ぶところでない。魔法使いの弟子をそのままのキリキリ舞い、俗にいわれる骨折り損のくたびれもうけに終わりかねません。ちょうど壁に映る影法師を相手にけんかをしているようなものです。

それをどう超えるのか。大乗仏教は、その無量無数の煩悩群の根に深くひそむ、影の光源ともいうべき、我への執着、それに目を注ぐことを明かします。我への執着こそ、諸煩悩の大本と見据えたところは、もう執着を超えしめられている。煩悩をもったまま、煩悩を煩悩と知れば、煩悩はあれどもなきが如く、道を往く私に何の障《さわ》りにもならない。それを煩悩即菩提の道ともいわれ、親鸞は「不断煩悩得涅槃」と明らかにしてくださっております。

念仏詩人、榎本栄一さんの歌を三つ。

「智慧光」

光に遇い
私の　おろかな
はからいに気づき
いつとはなく
こころの持物が減り

（『光明土』から）

「智慧光をいただく」

念仏をもうして
自分の我執妄念《ぼんのう》が
つねに見えておれば

この老耄《ろうもう》があるいても
大きくそれることはない
（『無辺光』から）

「念仏申しもうし」
照らされて
自分の煩悩がみえはじめたら
すこし浄土へ
近づいている証拠です
（『無辺光』から）

身と心一つならず

日本昔話［若返りの水］

わが家のお手次《てつ》ぎ寺仲間の催しで、元真宗大谷派研修部長の沼秋香さん（大垣市長勝寺住職）の法話をお聞きしました。話の中で紙芝居を見せてもらい、そこで日本の昔話「若返りの水」が、十枚ほどの絵で語られました。

――昔々、おじいさんが山へ柴刈《しばか》りに行き、つかれて、山の奥に流れる湧き水を飲みました。一日の仕事を終えて家へ帰ります。と、おばあさんが、

「おや、おじいさん。あなた、すっごく若返ってしまいましたね。まるで私がお嫁にきた頃の若者ですよ」とびっくりしています。おじいさんは思い当たり、

「それはきっとあの山奥の湧き水で、口の渇《かわ》きをいやしたのが、あの水は若返りの霊水だったにちがいない。おばあさん、お前もあの水を飲むといい。それで若返ってくれれば楽しいよ」

「ほんに、そうしよう、そうしよう」

と、道順を地図に書いてもらい、翌《あく》る朝、いそいそと出かけました。

ところが、夜になってもおばあさんが帰ってきません。一晩中寝もやらず心配していたおじいさん、夜が明けるのを待ちかねて、山へ向かいました。奥深い湧き水の場所に近づきますと、赤ん坊の泣き声が聞こえます。水辺に出ますと、おばあさんの着物にくるまった赤ん坊が泣いています。抱きかかえたおじいさん、

「おお、よしよし。お前はうちのおばあさんかい。若返りの水を飲みすぎて、娘盛りを通り越して、赤子《あかご》になってしもうたか。やれやれ、さあ、お家へ帰ろ」

と、赤子のおばあさんを抱いて、家に帰りました、と――。

この話から教えられること。おじいさんは、働いて口が渇くという身体の要求に従って、のどの渇きがいやされるほどの水を掬《すく》って飲みました。ところがおばあさんは「若くなりたい」の心が先に立って、ついつい飲み過ぎてしまったのです。身は自然の理に適《かな》って程を越さないけれど、時に心は欲につられ、計算し、結果を求めて暴走します。すると、程を破り、分を忘れ、度を過ごします。私たち人間のまちがいのもとはここにあるのでないか。

「身は本願（他力）の中にあり。心（自力のはからい）が妄念妄想する」の先覚の訓戒で、語り納められました。

この話も、昔話にこもる深い智慧を呼びかけてくれていることを教わりました。

同工異曲の話に「舌切り雀」がありました。雀好きのおじいさんが、雀のお宿を訪ねて帰りがけのお土産に、「年をとって重い荷物は苦手だから」と小さいつづらをもらう。おばあさんは欲にかまけて分不相応の大つづらを背負い、中から化けものたちがとび出します。

またこれは今時《いまどき》の話ですが、私の知り合いの奥さんが、肥満体で「やせたい、やせたい」の念願を抱いていました。それにはサウナ風呂に入って汗をかくのが効果的だと聞き、勧めてくれた人に誘われるまま試してみると、なるほど気分爽《そう》快《かい》、効果に手応えを覚えました。そこでサウナに通ううち、「どうせのことなら入浴時間を倍増すれば、効果も倍増するか」と計算して、さっそく実行に移しました。

ところが、長風呂に逆上《のぼ》せて、目を回し、風呂場で卒倒し、体調を崩してお医者通いの身になってしまいました。

身と心。聖徳太子の十七条憲法、その第十条には、「人には皆心あり、心には各々執るところあり」と諭《さと》されています。生けるものすべてのうち、植物はいわずもがな、動物一般についていえば、身と心は一つといっていい。喜怒哀楽の情はあっても、身の条件、あり様《よう》に随順します。腹を立てても、根《ね》に持ちません。哀しくても、自棄《やけ》っぱちにはなりません。腹が減れば、餌《えさ》になる獲物に襲いかかりますが、腹がふくれれば、やたらと追っかけまわすことなく、目の前にどんな獲物がいてもそ知らぬ顔していています。

ところが人間は、人間だけは、そうでありません。

『博物誌』や『にんじん』の作品で日本人にも親しまれる、フランスの作家ジュール・ルナアルの『日記』に、「幸福であるだけでは充分でない。その上他人が幸福でないことが必要なのだ」とありました。

目指す学校へみごと合格、幸せいっぱい。その時、優秀だった朋輩が志望校を落ちたと聞いて、「君だったら捲《けん》土《ど》重来《ちょうらい》だよ」と、口では慰めていても、心中おのが優越と満悦は、ひと際《きわ》輝きを増しています。これが人間の心、各々執るところありの姿です。

どの本だったか、「獣は、自分の欲しいだけ食べれば、あとは目もくれない。だが人間は、自分の欲しいだけ食べても、あとを他の者に食べさせまいとして無理やりつめこみ、両脇に抱えられるだけ抱えた残りに、砂をかけていく動物だ」と読んで、まさしくわがことと慨嘆《がいたん》させられました。

目明きと目無し

落語［はてなの茶碗］

京の都、綾小路《あやのこうじ》に茶屋金兵衛という名代《なだい》の骨董屋さん、俗に茶金《ちゃきん》と呼ばれ、この人が道具を手に取って、「はてな」と呟《つぶや》くと、百両の値打ちがあるといわれたそうです。

清水《きよみず》の観音様参道、音羽滝《おとわのたき》前の茶店《ちゃみせ》で、この人がふと手にしていた湯呑み茶碗をためつすがめつ眺めて、「はてな」というのを、側《かたわら》で聞きとめた油商《あぶらあきな》いの男。茶金さんの立ち去った後、しぶる茶店の主《あるじ》から、稼ぎ貯《た》めた懐中の金二両をはたいて買い取りました。それを欝金《うこん》の布に包み、桐箱に納めて、茶金さんの店に持ち込み、「百両千両の品」、と持ちかけました。ところが、一目見て、

「いや、これは二文《もん》三文の清水焼きの数《かず》茶碗」と笑われ、「じゃ、これを清水の茶店で『はてな』といわれたのは……」「いや、この茶碗が、どこといってきずもひびもないのに、ポタリポタリと茶が洩《も》れるので、ふしぎに思うたまでなんや。当てこと推量でひと山あてようなんて、横着考えんと、地道《じみち》にお稼ぎやす」

べそをかく油屋に「これも店の沽券《こけん》」と増し金つけて三両払って引き取った茶金さん。

後日、お出入り先の鷹司《たかつかさ》関白家で、この一件を話したところ、「おもしろい話。麿《まろ》も一度見たい」と、件《くだ》んの洩れ茶碗をご覧の上、「**清水の音羽の滝の音してや茶碗もひびにもりの下露《したつゆ》**」と短冊《たんざく》にしたためられ、お公家《くげ》さんの間に評判が広がり、時の御帝《みかど》までご上覧となり、箱に万葉仮名で「はてな」と宸筆《しんぴつ》の箱書。ついに大阪の豪商鴻池《こうのいけ》善右衛門さんが、千両で買い取った、といいます。

茶金さんは半金を油屋に渡し、油屋は関わりのあった周りの人たちに、お裾分

けしましたが、それからしばらく後、大勢して荷をかついで、茶金の店にやってきました。

「えらいやっちゃ、えらいやっちゃ。十万八千両の銭《ぜに》もうけ、もてきた」

「何だすか」

「今度は水瓶《みずがめ》の洩るの、もてきた」

――上方落語「はてなの茶碗」です。

俗に「目明《あ》き千人、目無し千人」などといわれて、古道具骨董品の世界では、こうした目無しゆえの滑稽談《こっけいだん》が、しばしば語り伝えられます。それもどうやら世間相場は、千人対千人どころか、「目明き一人に目無し千人」くらいでないですか。

かの大ミケランジェロが、ローマのさる権官から肖像彫刻の注文を受けました。仕事中の工房へ首尾を見届けにきた依頼主、「あの鼻の形が拙《まず》いな。何とかならんか」と、わかったように巨匠をかえりみて、注文つけます。

「かしこまりました」と、こっそり掌中にしのばせた大理石のかけらを、高い足場の上から、鑿《のみ》と槌《つち》でけずる格好をしながら、下へこぼして、

「これでいかがですかな」

「うむ。よくなった。けっこう」

と、二人はニッコリうなずきあった、という話がありました。

宗教の世界でも、同様な笑えぬ笑い話を聞きます。

あるおばあちゃん、持病の腰痛で、かねがね験能《けんのう》あらたかと聞く何某《なにがし》のお宮に、自分では参れませんので、そこで中学生の孫に、

「おばあちゃんの代参に、自転車でお参りしてきておくれんか」と、駄賃つきで頼みました。駄賃につられた孫は、かなりな距離のお宮代参を請《う》け負いました。

「行ってくるで」と出掛けた孫、途中の土手っ原で、自転車を放り出して、駄賃で買った菓子など食べてから、頃合いを見はからって帰った、といいます。

「おばあちゃん、ただいま。ちゃんと行ってきたで」

「そうかそうか。ご苦労やったな」

「うん」

「そいで、向こうへ着いたのは、何時頃やった」

ギクッとした孫、

「そやな。十時半か、十一時くらいやったなあ」

「そうやろな。そんな頃、覿面《てきめん》に腰の痛みが軽うなったで」

――落語『はてなの茶碗』の油売りは、茶金さんの理にかなった忠言を尻目《しりめ》に、一攫千金の〝柳の下のどじょう〟を、性懲《しょうこ》りもなく当てこんでやってきます。

ミケランジェロの注文主は、おたがい顔見合わせてニッコリしても、目明きと目無しの、同床異夢《どうしょういむ》ならぬ同笑異味です。

腰痛のおばあちゃんの話、世間にありとある病気治《なお》し、ご利益《りやく》信仰の楽屋裏を、丸々さらけてくれる思いです。

霊感商法、霊視商法といわれる疑似宗教犯罪が、いつの時代でも、どこの場所でも絶えないのは、この愚かしさをわが身のことと受けとめられない、私たちの迂滑《うかつ》さゆえでないですか。

第二章 ありのままになれませんか

主役になり端役になり

落語［初天神］

「かかあ。羽織出せ」「どこ行くの？」「天神さんや」「あんさん、隣りへ行くのも風呂行くにも、羽織羽織って……。天神さん参るんなら、うちの寅《とら》やん連れてって」「あいつはどもならん。おれの手に合わん」「そやかて、父親がわが子を手に合わんって、誰が育てるの。あんたの子やないか」。そこへ帰ってきた寅。「また、もめてんか。夫婦げんかは犬も食わんて、近所の人の手前もあるよって、なかに入ったわいがつらいがな。やめとき」「口のへらんガキや、ほんま。しゃない。連れていたる」「お父《とっ》つぁんがきれいなねえちゃんがいたり、ややこしい所へ行ったら、後でお母《かん》にいいなはれ」「それ、道頓堀の横町の四角い行灯《あんどん》のついたる家ちがうか」「ちゃんと知ってけつかる、こいつ。黙っておとなしうついてこい。何もお母《かん》にはいうな」「そんなら何か買《こ》うてくれ」。——飴《あめ》屋で飴を買ってもらい、みたらし屋でまたねだる。「しゃないな。おい、一番小さいの遣《や》って」「いや、この大きいの」「それ看板や。売りもんでない」「いえ。こっちに大きなんおます」「子どもにいうてのに横から何ぬかす。——お父つぁんもちょっと味見を。……うまくないみつやな。（舐《な》めまわした後）おい、その壷《つぼ》何入ってんや」「へ、みつどす」「ちょっとつけさせて。寅、食べや」「大将、何しますんや。団子だけ残してまたみつつけて、ほんま、しゃない人や」——。

「お父つぁん。凧《たこ》買うて」「こんな人混《ひとご》みの中で揚《あ》げられへんやろ。電信棒の線に引《ひっ》かかるし」「買うてくれへんならお母にこないだのこといったろに」「ほんまにこんな奴《やっ》、連れてこなんだらよかった。その一番小さいの、遣って。——どうでも揚げるんか。ならお父つぁんがまず揚げたるで、お前凧持って走って。——そうそう、揚がるぞ、よし」――。

「痛いっ。このガキ。こんな所で凧揚げよって人の足踏んで……」「おじさんが怒ったはる。アーン」「あ、すんまへん。それ、私の小倅《こせがれ》でまんねん。勘弁《かんべん》してやって。――よう揚がるわ。手抜いたらペラペラ落ちてくるさかいな。揚がった揚がった」「こら、何しとる。大の大人がええ年さらしやがって、こんな人中で凧揚げくさって、気いつけえ、このボケ」「すんまへん。これ、わてのお父つぁんですねん。かんべんしてやって。――お父つぁん、いいかげんわてにも揚げさせて」「ちょっと待て、うるさいな。こんなん子どものするもんやない」「ああ、こんなんやったら、お父つぁんなんなんか連れてこなんだらよかった」

――上方落語『初天神』です。

親子といいますが、いつでも親が風上《かざかみ》、子は風下《かざしも》のままではあり得ません。子は親の弱点をにぎり、親は見せかけの権柄《けんぺい》がはがれます。親子だけでない、亭主関白や雷《かみなり》教師でもワンマン社長でも、およそ人間関係、こうしたものじゃありませんか。落語にはそんな人と人の上下、強弱、優劣の逆転を衝《つ》いた話がよくあります。鋭く世相人情を穿《うが》ちます。

小学校で一輪車乗りをとり入れているようですが、これなんかはいくらベテランの先生がたでも、子どもたちにかないっこない。敏捷で器用な子どもたちは、練習に大して時間もかけないうちに、すいすい校庭狭しと一輪車で駆け回ります。鬚《ひげ》をはやした校長先生でも師弟逆転、子どもたちから要領を手とり足とり教わってもついていけない。人生の随所にそうした場面はついてまわります。

明治の仏教者、清沢満之《まんし》は、東京帝国大学を出るか出ないかの三十歳前に『宗教哲学骸骨』を著し、折から開かれていた米国シカゴ万博の世界宗教大会に英訳紹介され、評価を集めましたが、その中で、「主伴互具《しゅはんごぐ》」ということをいっています。

人間の生きるところ、主と伴、つまり主役と傍役《わき》、端役《はやく》は一つの身についてまわる、ということ。時と場合で主役にもなり、端役にもなるのが、人生なのだと。

いつでもどこでも、はじめからしまいまで、主役であり通すわけにはいかない。条件次第、めぐり合わせ次第でどんな仕事が、境遇が回ってこないとも限らない。貧乏くじでも棚からボタ餅でも、くさったり鼻にかけたりせず、与えられたものごとを、せいいっぱいこなすのが、正しい生き方。

古いアメリカの映画女優でベティ・デーヴィスという人がいました。今も権威あるアカデミー賞主演女優賞を二度も獲得した名優ですが、最晩年、仕事も少なくなった時、通俗な怪奇ホラー映画の魔女役にと声が掛かったといいます。

「馬鹿にするな」と一蹴されそうな汚れ役、端役を、彼女はこだわらず引き受け、実に入念真摯に打ち込んで勤め上げたのに、周りの者たちが大感動した、と、ある映画雑誌の雑報に出ていたことがありました。

ダメ人間のままで

日本昔話［ねずみの嫁入り］

これまで日本の昔話のように聞いてきた「ねずみの嫁入り」の話は、中国各地の民間美術、剪紙《せんし》（切り紙細工）の題材になっているのを見ると、あるいは中国の民話が発祥なのかもしれません。

ねずみの長者夫婦に、玉のような娘が出来ました。親ねずみは「国一番のむこ殿の嫁にやろう」と、国一番の強い者は誰か探した末、「お日さまだ」というので、太陽に「娘を嫁にもらってください」と頼みました。ところが太陽は「わしより強い者がいる。それは雲だ。いくら照っても雲が私を隠してしまう」と辞退する。「そうか」と雲のところへ行き「娘を嫁に」と申し込んだ。雲は「わしより風の方が強いぞ。風が吹けば私など吹き飛ばされてしまう」。親ねずみは今度は風に申し入れましたが、「いや、壁の方がわしより強い。私がいくら吹いても、奴はビクともしない」と風。ねずみは壁のところへ行きました。壁は「いやいや、私なんかよりもっと強いのがいるよ。それはあなた、ねずみだよ。あなたたちは私をがりがりかじって崩してしまう」

得心のいったねずみは、仲間うちの若いねずみに、娘を嫁にくれてやりました――という話です。

岐阜県海津郡南濃町の栗本茂子さんは、大阪外語大学の学生だった頃、学友のすすめで創価学会学生部に関わりました。そこでは若者たちが実に真剣に教学を学び、競争試験にいどむ。集会では、キビキビと団体行動の下、大きな声をそろえて一糸《いっし》の乱れもない。その小気味よさは、およそ大学や世間で経験したことのない魅力と新鮮感でした。わが家の両親は熱心な真宗門徒。なのに、一向にそれらしさが感じられない、しょうもない暮らしぶりに思える。それに比べて、学会こそ「一生を托すに足る理想世界だ」と、進んで入会しました。

ところが、本部では次々と大建築を立ち上げ、豪奢な行事を催す。そのため会員が、きそって全財産を投げ出すさまを見て、「自分はとてもああまで出来そうにない」と戸惑い、池田会長（当時）の伝記小説を読んでも、皆みたいに感動できない。その上、自分の実績をあげるために、学生仲間を折伏《しゃくぶく》（勧誘説得）するノルマを課されて、指導書《マニュアル》通り働きかけるうちに、「これ、自分の利得と栄達のために他人を利用し、踏み台にしているんでないか。としたら、汚いやり口」と疑問が出て、幹部や仲間の学生にたずねても、納得できる答えが出ない。悩んだ末にとうとう学会を脱退しました。

でも、人生の問題に目を醒ました彼女は、その解決を求めて、すすめられるまま、九州の口称《くしょう》念仏の寺や内観法の道場へも通いました。そこでは一週間お寺に罐詰めで、大声で称名念仏しながら境内を清掃し雑巾掛けをしたり、便所掃除をしたりすると、心身ともスカッとして、「これだ。これが純粋真実の生き方」と感激、充実した研修だった。でも手応えを抱いて帰るけれど、帰ったとたん元の木阿弥で、朝寝と怠け放題のぐうたらな毎日に戻ってしまう。

「それじゃなんにもならんぞ」と、夫から笑われる始末。

そんな行き詰まりのさ中、実家の両親がわが家で、親鸞の教えの月例聞法会《もんぽう》を開き、茂子さんも家族ぐるみで聴聞《ちょうもん》した。

実家は地域のミニ・デパートを経営しているのだが、損得ソロバンがもとで両親はよく夫婦ゲンカをする、相変わらず見栄《ば》えしない、何のとりえもない暮らしぶりを横から眺めて、これまでは心の内で軽蔑していたが、聞法に通うようになってよく見ていると、夫婦げんかした後、父母のどっちかが、わが非を認めて謝る。すると相手も呼応して許すという、心和む場面をその都度見て、「あ、これがわが家の仏法か」と茂子さんは頷《うなず》けた。

「こういう生き方なら、ぐうたらな、ダメ人間の私だってついていける。これが私に一番ふさわしい、生き方の依《よ》るべだった」と、あらためて両親を仰いだ、といいます。

これが、現代の私たちの暮らしの中の〝ねずみの嫁入り〟でしょう。両親が自分たちの生活の後ろ姿を通して伝授してくれた、ダメ人間向けの生き方の依るべ――仏法。それが茂子さんの子育てにも反映されてきた、と彼女はいいます。

腕白《わんぱく》盛りの男の子二人。思わず向きになって子どもを叱りつける。そのすぐ後で「あ、私の心の居所《いどころ》がおもしろくないだけで、親の感情のはけ口を子どもに向けていたな。勝手な母親の私。すまなかった。かんべんしてね」と、子どもに瞑目する。そんな若い母親の茂子さんに子どもは無心にまとわりつく。母子の一体感がそこにひらく。

よりよく努《つと》め励むのでなく、ダメ人間のままの自分を認め謝る。そこに知らず求めずして和みの世界を賜る道。それを親鸞は「凡小修し易き真教、愚鈍往き易き捷径《しょうけい》」（『教行信証』総序）といいました。

ふるさとに帰ろう

イソップ物語「田舎のねずみと都会のねずみ」／小林一茶の俳句

アイソーポス寓話集（イソップ物語）の中に、めずらしく韻文体で書かれている一篇があります。しかも、子どもたちの絵本などに仕立てられて、世界中の人たちにおなじみになっています。「田舎《いなか》のねずみと都会のねずみ」がそれ。

——田舎の牝《めす》ねずみが、都会の牡《おす》ねずみと愛しあっていました。牡ねずみが、牝ねずみの家を訪ね、出された豆や麦を食べながら、「これはまるで虫けらの食事だ。一度わが家へお出で。ごちそうするよ」

牝ねずみは都会の恋人の家を訪ねました。豆や麦ばかりか、チーズ、いちじくの実、蜂蜜、クッキーがずらり並んでいました。二ひきが食べ始めたとき、家の主《あるじ》の人間が帰ってきました。そのとたん、ねずみたちは身をひるがえして、扉のすき間から倉《くら》の中に逃げ込みました。つづいて人間が、倉の扉を開けたとき、ねずみたちは壁の破れ目から、下水溝《げすいこう》へ飛び込みました。

田舎の牝ねずみは空腹を満たすひまもなく、都会の牡ねずみを見返って告げました。

「あなたの暮らしがこれでいいなら、たんと楽しみなさい。私は虫けら並みの貧しい暮らしで、のびのびゆったり、安心して暮らしたい。さようなら」――。

イソップの時代から二千幾百年、二十一世紀となった現代でも、この話は現実味をもって、私たちの生き方とダブリます。日本国内だけでも、首都圏東京は、地方から上京する人、人、人で、どんどん膨張し肥大しつづけています。一方、田舎は過疎化し家々は廃屋になり、田畑は荒れ果てていきます。同じことがあちこちで、すぐ隣りの新興大国中国でも、都会化する沿海部と奥地の田舎で、人々の暮らしの格差がひどくなるばかり。地球全体があげてその傾向に拍車をかける。それはまた、今日まで人類の歴史を通じて、いつもいつもくり返されてきた、愚かしい倒錯でもあります。

江戸時代の俳人、小林一茶《いっさ》は、信州のお百姓の家の伜《せがれ》でした。実の母が幼いころなくなり、十五歳の一茶は花の都の江戸へ出て、名をあげ財を成し故郷へ錦を飾ろうと、辛酸をなめますが、どうやら俳句の道ではひとかどの実績ができても、経済的、世間的にはなかなか安住できません。

故郷《ふるさと》は蠅《はえ》迄《まで》人をさしにけり

保守的で頑迷偏狭な肉親や同郷の人に反抗し、「この蛆虫《うじ》めらを何とか見返してやりたい」といった、ささくれだった逆心も胸にくすぶっていたにちがいありません。でも、

日々、懈怠ニシテ不レ惜寸陰

けふの日も棒ふり虫よ翌《あす》も又《また》

と、遊民渡世の己《おのれ》に目を向けずにおられない日暮らしです。と同時に、若い頃から夢に憧れ、田舎者にくらべ洗練された理想の人々だった江戸の、とりわけ風流人、文化人たちのその裏側の浅薄さ、虚飾性、欺瞞性が鼻についてなりません。

いざ去《い》なん江戸は涼みも難しき

蒸《む》し暑い夜に、裾まくりして毛脛《けずね》を曝《さら》け、渋団扇《うちわ》で股ぐらを扇《あお》ぎながら夕涼みする田舎者を、〝椋鳥《むくどり》〟と蔑視する江戸の大通《だいつう》な風流人らに、どうにも我慢なりません。つくづく信州の田舎のおらが国のぬくもり、素朴さがたまらなく慕わしく思えてきます。

花をめで月にかなしむは
雲の上人のことにして

おらが世やそこらの草も餅になる

ふつふつ江戸での暮らしに同《どう》じ切れない異質の自分を覚えます。いや、江戸の都会人、知識人気取りの奴輩《やつばら》に、人間としての魔界性を覚えずにいられないのでしょう。

こうして一茶は、江戸での一切合財《いっさいがっさい》を投げ出して、裸一貫、悔いもなく、惜しみもなく故郷の田舎に帰ります。

五十歳を過ぎても、家庭は持てず家もなければ財もなく、やっと舞い戻った故郷の信州柏原で、継母《ままはは》や異母弟と折れ合い、父の遺産を分けあって、はじめて田《でん》畑《ぱた》家作《かさく》をもち、妻子にも恵まれて、ふるさとの田舎で、しみじみとした人間らしさに帰らされました。

先に掲げました「いざ去なん」の句の冒頭の言葉は、父譲りの念仏の道に帰《き》した一茶の、仏道からの学び——中国浄土教の高僧善導の《帰去来《いざいなん》、魔郷には停《とど》まる可《べ》からず。曠劫《こうごう》より来《このかた》、六道に流転《るてん》して尽《ことごと》く皆逕《へ》たり。…》(観経疏)、《いざいなむ、他郷にはとどまるべからず。仏にしたがふて本家《ほんけ》に帰せよ。本国に還りぬれば一切の行願《ぎょうがん》自然《じねん》に成ず《じょう》》（法事讃）からとったものです。

そこからの一茶の至極の心境句境は、次のような境涯《きょうがい》です。

下下《げげ》も下下下の下国《げこく》の涼しさよ

ともかくもあなたまかせの年の暮れ

（『おらが春』結尾句）

只たのめ花もはらはらあの通り

人生の分かれ目

新美南吉［百姓の足、坊さんの足］

二〇一三年は児童文学の作家、新美南吉（代表作『ごんぎつね』は小学校教科書にも載っている）の生誕百年でした。隔月で聞法の例会に通っているお寺のご住職から、南吉の作品『百姓の足、坊さんの足』を教えてもらいました。

――貧しい農夫、菊次は家の前の雲華寺《うんげじ》の和尚に従って、毎年のお初穂《はつぼ》（収穫の最初に穀物を神仏に捧げる儀礼）を家毎にもらって歩く、運搬役を勤めていました。先々《さきざき》でお酒を接待され、酔いまぎれにもらったお米をこぼしてしまったのを二人は、「土が混じったら食べられね」と、足の爪先で蹴散らしてしまいました。

菊次が家に帰ると、子どもが祖母から、

「こぼしたご飯《はん》を拾って食べなさい。お米を粗末に扱うとバチがあたるぞ」と叱られているのを見て、

「たかがご飯粒くらいで、ばかな……」

とせせら笑うと、こぼした米を蹴散らした右足が、激しく痛みはじめ、大騒動になったあげく、手当もかなわず、まるで働けなくなってしまいました。ところが、お寺の和尚さんの方は、いつも元気でいます。「どうして、このおれだけが……」と天を怨みましたが、どうにもなりません。

ある日のこと、米を作る百姓の自分こそ、米作りの苦労も知らぬ和尚さんより罪が深い、と蹴散らしたお米に、「すまなんだ」と詫びる心がこみあげました。同時に、老母にも和尚さんにも、天にも地にも皆に向かって詫びました。そしたら翌日から、足の痛みがぬけ、どうにか歩けるようにまでなりました。

それから四十年、菊次は長生きして、五月の菖蒲《しょうぶ》の花の咲く頃に亡くなりました。ちょうど同じ日の朝に、和尚さんも亡くなりました。二人が、死後の世界の道を歩んでいくと、一台のお迎えの車が来ました。生前の悪事ばかりを思い回《めぐ》らす菊次に比べて、善行ばかりを算《かぞ》え上げる和尚さんは胸を張って、「これはおれを乗せる車だ」と乗り込みました。

やがて二筋道の分かれ目にきました。案内人が「車に乗ったあなたはあちら。歩いているお方はこちら」と二人が別れた後、ふと和尚さんが振り向くと、別の道を遠ざかっていく菊次の後ろ姿から、まばゆい後光《ごこう》が如来さまのお姿のように光っていました――。

同じ児童文学の方で有名になった宮沢賢治にも、既成仏教の頽廃堕落した実態を痛烈に諷刺した作品がありますが、この新美南吉のは、なかなか仏法（人間の生き方）の真髄を、深く衝《つ》いています。感服しました。

法中《ほっちゅう》（坊さん仲間）と俗人（士農工商の民《たみ》百姓）の職分はあっても、人間の生きる生き方に区別はありません。どう生きるか、とはひとえに心のもち方、立っている足の置き場所ひとつです。作者が『百姓の足、坊さんの足』と題をつけたのは、生きる足位置のことをいっているのでしょう。人間、したこと、いったこと、思ったこと（身口意《しんくい》の三業《さんごう》）の結果を、わが責任として受けとめる（業縁起《ごうえんぎ》の自覚）ことこそが、法・道理にかなった生き方。

ともすれば悪い目にあうと、責任を転嫁して、自分だけいい子になってすますのが私たち。菊次も初めは責任を回避して、天をまで怨みますが、やがて機を得て（宿善開発《かいほつ》して）「すまなんだ」とお米に詫びる。そこから、反省すればすべてのことに罪悪ばかりに思い当たる自分に足を置くようになる。

反対に和尚さんは賢い部類の人間、善人のつもりから一歩も出ない。この和尚さんの方が私たち一般の足位置でしょう。その二つの差が、死んでからの二本道の分かれ目になるという『歎異抄』の根本精神でもある悪人正機《しょうき》の機微、機構《メカニズム》を、巧みに、精確に語っているように思います。近頃こういう人間の内面の転回を、みごとに解きあかすような仏教界以外での証明が、新聞・テレビなどでよく目につくように思えます。

新美南吉と同じ愛知県三河の児童文学者だった、岡崎女子短大の宇野正一先生からこんな体験を、ＮＨＫ・Ｅテレの「こころの時代」でうかがいました。

子どもの頃、先生を育ててくれたおじいさんの口癖で、「食べものさまには仏がござる。一粒のご飯粒にも如来さまが中にござる。拝んで食べなされ」と聞かされ、子ども心に高学年になったとき、ご飯粒を顕微鏡で拡大して調べてみたけれど、何も見えなかったとおじいさんに結果を報告したら、厳しい表情でひどく叱られた、というんです。後日、祖父の死後、自分の万事合理精神一本槍で押し通す理性万能知識偏重の足位置こそ、狭い偏った執《と》らわれだったと知らされて、邪見で驕慢の知識人ぶった愚かな自分と思い知らされ、はじめて「おじいさん、ご飯粒よ。ごめんなさい」と頭下げずにおられなかったと語られました。

貧乏神がぞろぞろ

日本昔話［年越し焚き火］

歳末に因《ちな》む日本の昔話。

――貧しい山里の老夫婦。大晦日《おおみそか》というのに餅も何もない。そこでおばあさんが丹精こめて撚《よ》った麻糸の苧玉《おだま》を、おじいさんが町へ売りに行き、そのお金で餅を買ってこようと出かけました。一日中町を回りましたが、一個も売れず、途方に暮れたおじいさん。同様に炭俵が売れずに困っている人と、自分の苧玉と交換し、夕暮れを家路につきました。

炭俵しか手に入らなかった老夫婦は、

「お餅でなくったって、お茶漬けでいいよ。それよりせっかく苦労して手に入った炭だよ。今夜はどんどん焚《た》いて暖かいお正月にしよう」「そうだな。それがおれたちの分にかなった正月だ。いただいた、今あるものをせいいっぱいに使わせてもらうとするか」

二人は炭俵を開き、いろりにドンドン焼《く》べました。部屋いっぱいがたちまちポカポカ暖かくなり、昼間みたいに明るく、春のようにはなやかに輝きました。

「あったかいねえ、明るいねえ。こんな年越しは、はじめてだなあ」

「ほんとうだねえ」

二人は楽しそうに手をかざし暖まっていると、板戸の裏や天井《てんじょう》の隅、押し入れの奥から、黒い煤《すす》けたなりの小人たちが「暑くて暑くてたまらねえや。もうこの家にゃ居られねえ。皆して引っ越しだ」と、ぞろぞろ出てきて、土間から外へいなくなります。びっくりして、「お前たちゃ何者だ」と訊《たず》ねると、

「おれたちゃ貧乏神だよ。この家には長いこと気安く居着いていたが、これまで

ついぞこんな大火《おおび》を焚いたためしがない。今夜ばかりゃ暑いやら明るいやら、とても居られたもんじゃねえ。長年お世話になったが、もう今夜でおいとまだ」といいながら、小人たちが相談して、長年厄介《やっかい》になったお返しにと、どこから臼《うす》を運んできました。中にはお米や魚が山盛り。おかげで二人は豪勢なお正月を過ごしましたが、その後も臼からは次々と米や魚が出てきて、二人は富み栄《さか》えて暮らしました、と。

どこかアンデルセンの「マッチ売りの少女」に似てますが、こちら『年越し焚き火』はめでたしめでたしのハッピーエンドです。そのめでたさ、ハッピーの元は、どこにあるかといえば、じいさん、ばあさんが与えられたもの、今ここにあるものに満足して、せいいっぱい活用させてもらう。貧しくても、不平不満もなく、先を読んで悲観、楽観することなく分を尽くす、ものの受けとめ方に立ったところでしょう。

するとそこからひとりでに、退治したり追い出さずとも、貧乏神たちは退散していく。貧乏神とは、損得ソロバン計算の心です。自体満足、自家充足という言葉もありますが、こういう智慧はじいさん、ばあさんの年配にならないと身に添わないようですが、若いうちでも善き師と教えに出遇えば、暮らしに生きます。

富山県城端《じょうはな》のIさん、四十歳代の主婦。高校卒業後、勤めながら夜学の短大を卒業し、お寺の仏教青年会で仏教も学んだ。一人娘なので婿養子をもらい、男の子二人を得たが、都合あって離婚。それ以来、老いた両親と子育て、そして一家の収入を単身背負うことになった。

すこしでも給与のいい職場へと、三K（きつい、きたない、きけん）の職場、アルミ工場で働き、加えて仏法聴聞にも身を入れた。若い間はどうにか無理がつづけられたが、四十代になり身体を傷め、職場を辞めなければならぬ破目《はめ》になり、精神的にもパニック。

そのどん詰まりの時機に、「私は何て欲張りだったたか。自分の思い通りに一切合財計算通りいくつもりでいた。娑婆《しゃば》のこと一切が因縁《めぐりあわせ》で、過不足なくできている。それなのに、欲にかまけて握り込み、力んでいた自分に気付かされたら、スウッと楽になりました。未練が残る職場もあっさり退職、今は申しわけないみたいに楽々とルンペンを楽しませてもらってます」と。周りから親切ずくで「そんなことしていていいの。何とかしなきゃ」と忠告されるけど、腹の底じゃ「出たとこ勝負の成り行き任せ、何とかなるわ」と腹をくくってます——そうです。

婆婆のこと一切合財自分の思い通り、計算通りいくと、欲にかまけて力んでいる周囲には、びっしり貧乏神がとり憑いているんでしょう。その自分の執着心に気付かされたとき、スウッと楽になる。世の中一切が因縁《めぐりあわせ》で過不足なく成り立っている。餅に恵まれた餅正月も、炭で暖まるだけの炭正月も、それさえなくて頭から布団ひっかむっての寝正月も、オール因縁次第。

それを五十年昔、『中日新聞』論説委員だった本荘可宗《かそう》さんがお寺の法座で、「因縁の上がり框《かまち》に大あぐらをかく」との名文句で語られたのが、楽しく懐かしく思い出されます。

濡れ衣を着る

蓮如［御文］中の牛盗人／白隠禅師の逸話

東西本願寺の浄土真宗門徒なら、誰もがおなじみの八代中興の祖、蓮如筆『御《お》文《ふみ》（章）』、その第二帖二通末尾に《……たとい牛ぬすびととはいわるとも、もしは後世者《ごせ》（後世に目を向ける念仏の徒）、もしは善人、もしは仏法者とみゆるようにふるまうべからず、とこそおおせられたり。このむねをよくよくこころえて、念仏をば修行すべし》とあります。

この一文は、開祖親鸞の曽孫に当たる本願寺三代覚如筆『改邪鈔《がいじゃしょう》』に出る、同趣の文言を引いたものです。そしてその《たとい牛ぬすびととはいわるとも》とあるのは、単なる粉飾的な形容句ではなくて、古い典拠があるのだ、と学びます。

——昔、罽賓国《けいひん》に、聖者（阿羅漢《あらかん》）で離越《りおつ》という人がいました。この人が里人たちから、牛を盗んだという、身に覚えのない濡れ衣《ぎぬ》を着せられて、牢に投げこまれました。ところが彼は、一言の申し開きもせず「これも、自らの身にふりかからずにいなかった、過去世からの行い、なり行き（宿業《しゅくごう》）」と受けとめ、その境界に安んじて、阿羅漢というさとりを開いた聖者であることを、一言も弁明したり、そのあかしを立てることもせず、十二年もの間、獄中で暮らした、という話が伝わるそうです。唐の時代、西明寺の道世撰『法苑珠林』に引いてある『雑法蔵経』の中の一話だということです。

同じ趣旨の話が、俗に講談などにもなって有名な、白隠禅師の逸話にあります。

——白隠さんの熱烈なファンで、同じ村の豆腐屋さん。そこの娘が、若い男といい仲になって、お腹《なか》に子を宿した。気難しい父親に叱られるのがこわくて、つい「お腹の子の父親は、あの白隠さま」と口走ってしまった。頭に来た豆腐屋の親父、「この、見かけ倒しの堕落坊主め。よりによって、うちの娘に手を出すとは」と断乎絶交。噂がひろまり村中から総スカンを喰い、托鉢にも事欠く始末。やがて、心とがめた娘が真相を白状して、事は納まったという——。

また、真宗の念仏の方では、妙好人《みょうこうにん》有福の善太郎さんの話もあります。——宿の袷《あわせ》の着物を盗んだとの、無実の罪を着せられ、弁償した上、お詫びにと草餅を差し出し、その草餅を配られたのがもとで、真犯人の宿の女中が白状した——という話も伝わります。

こんな話を法座で聞かされますと、当世の若い人や、年輩者でも仏教になじみのない人などは「そんな、無実の罪を着せられても、言い開き一つせず、黙って引き受けるなんて、そんな浮き世離れした話をしてるから仏教が世間からうとまれて、寺へ参る者もなくなるんだ。そんなこと真《ま》に受けていた日にゃ、当節のこのきびしい世の中、その日が暮れていかんよ」と、頭ごなしに反発します。

が、はたしてそうか。

わが家で、中学二年の姉娘と小学五年の弟息子が夕食のとき、テレビのチャンネル争い。

「マンガなんて幼稚な。私が小五の頃には、とっくにマンガなんか卒業してた。お前は精神年齢が低いわ」

「マンガの好き嫌いは趣味のちがいだ。大人だって大学生だって、電車に乗ってマンガ本読んでいる。精神年齢と関係ない。前言を取り消して謝れ」

返答に窮した姉、「うるさい、バカ」。「僕は正しいことをいっている。バカじゃない。それも訂正して謝れ」と争うのを、父の私が姉をたしなめておいて、弟に、

「お前も、人からバカ、精神年齢が低いといわれても、自分ではそうは思わないが、姉さんの立場から見れば、そういう見方もあるかと引き受けるのが、法・道理に立った人間の受けとめだぞ」とさとしました。

「じゃお父さんは、人からバカといわれて、自分はそうは思わないが、いわれた通り、ごもっともと受けとめるか」

「いや、お父さんだってなかなかそうは受けとめにくいけれど、そう容認するのが、道理にかなったあり方だと、自分で自分にいい聞かせるよ」

「僕はいやだ。僕はバカでない。絶対認めない」といい張っていました。

そんな家庭内の小さな事件から数年後、夕食の後で家族皆でテレビドラマを観ているうちに、登場人物たちが「うるさい、バカ」「何がバカだ。お前こそ」とやり合う場面を見ていて、高校生になっていた息子が、父の私をふり返り、「お父さん。以前、姉さんと口げんかしたとき、人からバカといわれても、相手の立場から見れば、そういえるかもしれないと受けろ、といってくれたことがあっただろ。あれ、僕、今も覚えているよ」と追懐していいました。

私は、心ひそかに衝撃めいた感動と、仏法への揺るがぬ確信を催させられました。

無等等って何？

イソップ物語［蛇の尻尾］［胃袋と足］

アイソーポス寓話集（イソップ物語）から。

――蛇の尻尾《しっぽ》が、身体の他の部分や心に向かっていいました。

「いつでもおれは一番うしろで皆の後を、ただ引っ張りまわされて、ついていくだけ。こんな割に合わん話はない。おもしろくない。これからずっとはいわないけれど、おれだって先頭にして行かせてくれ」と。

「だけど、目や鼻は頭についているんだ。目も鼻もなしで、どうして先頭に立って、道をまちがわずに進めるというのだ」

心も身体の他の部分も皆、反対しました。しかし、尻尾は聞きません。とうとう尻尾を先頭にして、進みはじめました。

平《たい》らな草地ではどうということもなく進みましたが、しばらくして道がでこぼこになり、溝があり、壁があり、その度《たび》にぶつかったり、逆戻りしたり、身体のあちこちを傷《いた》めたりしながら、やみくもにのたうちまわったあげく、石ばかりの穴底に落ちてしまいました。いくら尾の先をふりまわしてもがいても、出口を探りあてることが出来ません。足がかりもない壁をのぼるのも、尾が先では重くてずり落ちてしまいます。くたびれはてて、傷まみれになったところで、尻尾はとうとう皆に向かっていいました。

「どうか皆さん。目や鼻の力で頭の方から、ここを抜け出す道を見つけてください。私は何というくだらない言い分をいい張ったんでしょう」――。

もう一つ、似たような話が出ています。

——胃袋と足とが、自分たちの力量について論争しました。足は二本でふんばってこういいました。

「おれたちのおかげでお腹の中におさまっているお前らは、あちこち運んでもらって、楽々いい目ができる。それもこれもこのおれたちの働きのおかげだと思えよ」。それを聞かされた胃袋が、

「だがな、お前さんたち。この私が食べたものを消化して、栄養をあげなかった日には、力が衰えて、しまいにどこへも行けなくなるということを、覚えておいてくれよ」といいました、と。

こんなような比較や論争が、私たちの日常にも姿、形を変えて、ずい分と見かけることです。

落語の『権助芝居』なんかもその一つです。

町内で素人《しろうと》芝居をするのに、主役から脇役、端役の役選びで、役不足の不平不満から争いになり、それが後々までしこりになって残る。ついには仲違いにまで

なってしまう、という場合もありがちです。

誰もがそうですが、自分のことにはひいき目が先だって、自分の力を偉ぶり、高ぶり、逆に、他人の分をうらやみ、そねみ、妬《ねた》む心がやみません。親鸞さんの言葉で「凡夫というは、無明煩悩われらがみにみちみちて、欲もおおく、いかり、はらだち、そねみ、ねたむこころおおく、ひまなくして臨終の一念にいたるまでとどまらず、きえず、たえず……」（『一念多念文意』）「弥陀仏の本願念仏は、邪見、憍慢の悪衆生には、信楽を受持すること甚《はなは》だもって難し、難の中の難これに過ぎたるはなし」（『正信偈』）といわれています。煩悩、迷いの相《すがた》の一つです。自他の差別から出るひずみ、ひが目、偏見です。

如来のことを「無等等《むとうどう》」ともいわれています。無等のまま等である。仏の智慧は、単なる平等でなく、差別のあるままで平等。無等等の語は『般若心経』の中にもあります。金子みすゞさんの童謡詩にある「みんなちがって、みんないい」の境地です。

いただいた配役は、表方でも裏方でも、もうけ役でも貧乏籤《くじ》でも、上《う》わ積みでも下積みでも、引き立て役でも、縁の下の力持ち役でも、他人と比較して価値づけしない、それぞれに意義深さを受けとめて、分を尽くす。

イソップに胃のことが出ましたので、こんな話を思い合わせました。北陸の念仏者で故吉田竜象さんが、こんなことを話しておられました。

――胃というのも感心なもので、おいしいもの、まずいものを選り好みせず、私の心など、おいしくても三度もつづけば、「何や、また芋か。また茄子か」と、ついいうが、胃がそんなことといって、拒んでこなさなかったらどうするか。胃はどんなものでも、きれいにこなしてくれて、一ぺんも休まん。

家の畳でも、誰が乗っても受けてくれる。こんな奴は嫌いやと拒否しない。偉い人でも糞垂《くそた》れ婆《ばば》あでも、因縁のある人は皆、黙って乗せてくれる。これ、摂取不捨という如来のお働きや。

「摂取して捨てざれば、阿弥陀と名づけたてまつる」――(『他力の大道』から)。

そういう法・如来のお働きを、無等等といいます。

窮すれば変ずる

落語の枕［泥棒について］

落語の中に、泥棒話がいろいろありますが、その中のどれかで、噺《はなし》の枕にこんなのを聞きました。

泥棒の親方が、見習いの若い衆を連れて二人で、塀で囲《かこ》った庭のあるお邸《やしき》に忍び込みました。先に立たせて縁《えん》の下や土蔵など、様子をうかがっているうち、後ろにいた親方が突然大声で、

「泥棒だァ。泥棒が入ったぞォ」と呼ばわった。びっくりしたのは見習いの方。

親方はさけぶなり一人で、一目散に逃げ出してしまった。声を聞いて飛び出してきた邸の人たち。

「泥棒と聞こえたが、どこだ」

「どこにいる、泥棒は……」と大勢して探し始めた。もう逃げられない。「親方、いったいどういうつもりで……」と真意をはかりかねながら、下手《へた》に動けば捕まってしまう。しばらく様子をうかがううち、庭に井戸があって、近くに一抱えほどの石がある。それを見た若い衆、「よしきた」と石を持ち上げ、井戸へ投げ込んだ。「ザブーン」と大きな音が響く。聞きつけた家の者たち、

「あっ、泥棒が井戸へ飛び込んだ。それ引っ張り上げろ。梯子《はしご》だ、縄だ」

と、皆が井戸の周りで騒いでいるすきに、まんまと逃げ出し、親分の家へ無事に帰りつきました。

「おう。無事帰ったか。どうやって帰った」「どうにもこうにも、親方もひでえ人だ。いきなりおれ一人置いて、大声あげて逃げるなんて。そこでおれは井戸へ石を投げて……」「うむ。それでいい。泥棒稼業は口で教えて頭で覚えて身につ

くもんでねえ。その場に立ってその場で働く知恵だけが、生きて役立つ。お前もこれでどうやら一人前の泥棒だなあ」とほめた、というのです。

これは禅の方に以前から伝わる話が、落語に流用されたものらしく、中国古典五経の一つ『易経《えききょう》』に、「窮すれば即ち変じ、変じれば即ち通ず」とある、俗に「窮すれば通ず」などともいわれる教訓によく引かれるそうです。

私の家業（株式会社チヨダ）はタバコ屋。今は自動販売機千台を擁して、十余人の社員で営んでいますが、創業当初は私一人。それが従業員も増え、自販機を導入し始めて百台くらいの時、初めて値上げが国会で決まりました。百円の品が百二十円、百五十円が百八十円と。一般にはそれだけもうけが増えて、大歓迎ですが、私のとこはそうでない。

まずこれまでの百円玉だけの簡易操作の機械が、釣り銭の要《い》る高度な複雑なものに入れ替わり、釣り銭の故障、トラブルも多くなり、寝せる資金も大幅に増える。万事手間が掛かり、やりにくくなる。その上、タバコという商品は、法律で何月何日午前零時から全国一斉値上げ。その前後、高くも安くも売れない。百台からのあちこちに散在する自販機を、社長の私とたった三人の従業員だけで、一夜のうちに価格変更に対応できるか。絶対不可能です。それやこれやで頭が痛い。値上げなんかない方がいい。「どうしていいやら、どうなることやら」の不安、戸惑いのうち、当日が来てしまいました。

「南無三！　やるだけだ。後は後の話」と、腹をくくって、とにかく早朝から深夜まで、予定表を組んで手分けして効率よくフル稼働しました。その間、請求や苦情や、お叱りもきたけれど、言い訳し、内情をありのまま話して、謝るだけ謝り、待ってもらい、どうにかやり過ごしました。百台ほどの機械を全部対応し終えたのは、七日後のことでした。

終わってみれば何のことはない。案ずるほどのこともなく、出来ないものは出来ないままで、ちゃんと出来ていく。このことがわかりました。

七日もかかって、その間お客様はどうするんだと気がかりでしたが、

「おれの店の方はいったい何時《いつ》来てくれるんだ。それまでタバコお預けか」

「すみません。予定表ですとお宅は明後日《あさって》午後。それまで待ってください」

「しょうがねえな。じゃ張り紙しとくから、そのかわり約束通りちゃんと来てくれよ。たのむよ」

こんな調子で相手にもわかってもらえます。それから後、何回もタバコの値上げがあり、経営の規模も大きくなりましたが、もうオタオタたじろがない。自若として「いつでもお出でなさい」と向き合っていける、この度胸が定着しました。

仏法の師、安田理深《りじん》師が、いみじくもこういわれました。

「自力無効《はからい》の体験をくぐれば、もう自力無用の世界に出られる」と。

蛇足を加えますなら、自力無効とは先を読んでの予測計算に私たちはしばられ、とらわれますが、それが間に合わぬとわかれば、あと一切予測計算の必要なし、もう天下に恐いものなし、自在無碍の世界です。その境界を南無阿弥陀仏という。

どっちがいいのか

落語［淀五郎］

往年の江戸歌舞伎を代表する三座の一つ森田座（他に中村座、市村座）の座頭《ざがしら》市川団蔵が、大星由良《ゆら》之助と高師直《こうのもろなお》二役で、忠臣蔵を演じることになりました。ところが名題《なだい》級の塩谷《えんや》判官《はんがん》役が都合で欠けてしまい、下っ端《ぱ》の若手淀《よど》五郎を抜擢することになりました。

どうにか稽古も終え、初日の幕明《あ》け。大序《だいじょ》から二、三段目と進み、いよいよ四段目、判官切腹の場。通し狂言中前半の見せ場で、切腹の身支度をした判官が、前髪を結った小姓力弥《りきや》に、「由良之助はまだか」「いまだ参上《さんじょう》……」と花道の際《きわ》から揚幕《あげまく》を見て心急く力弥が「仕《つか》りませぬ」ともどかしがる内、今は、と九寸五分（短刀）を突き立てた時、やっとかけつけた由良之助、花道七三《しちさん》の所で平伏。検死役の石堂《いしどう》が温情で「苦しうない。近《ちこ》う進め、近う近う」と急《せ》かす。

ところが由良之助役の団蔵が花道から動かない。なぜかというと、判官役の淀五郎の切腹がどうにも様《さま》になっていない。「これじゃ側へ進めない」と、花道から「ははあ、御前」「由良之助かあ……」と、はるか花道からのやりとりで終わってしまいました。

幕が降りて芝居の後、団蔵から「あれは切腹じゃねえ。本当に死ぬ気で腹を切れ」と叱られましたけれど、二日目も花道のまま本舞台へ出てくれない。

途方にくれた淀五郎、思い悩んだ末、いっそ舞台で座頭を殺して自分も死のうと思いつめ、市村座の座頭中村仲蔵に暇乞《いとまご》いの心で挨拶に顔を出しましたところ仲蔵から、

「お前さん、巧《うま》くやってお客からほめられようという了見《りょうけん》でいたら大まちげえだ

よ。それは下司根性《げす》。親方が死ぬ気でというなあ、そのことだ。誰か先輩の型を真似《まね》て、工夫《くふう》してるかい。ないか。じゃ型なしだ。判官てぇ役は、勤めをしくじって、相手はお咎《とが》めなし、自分は切腹、美しい奥さんと別れ、お家は断絶、家来衆は離散してしまう。その無念の中で、もう現《げん》に腹に刃物が刺さっている。それを芝居でみせるには、眼の前はまっ暗《くら》、肌身は寒いのそぶりを、耳の脇にひそませた青黛《せいたい》（碧の眉墨《まゆずみ》）をそっと唇《くちびる》に塗って……」と教わりいましめられて三日目の舞台。

もし今日も由良之助が花道から舞台へ来なければ、手にした九寸五分で差し違えて、と切羽《せっぱ》詰まった気持ちで舞台に出ています。

親方団蔵が見ていて、この日の判官、三段目城中廊下で師直《もろなお》に「鮒《ふな》だ鮒だ。鮒侍だあ《ざむれえ》」といじめられる所から、まるで違う、殺気が立っている。四段目に替わって、花道から判官を見ると、みちがえるように切腹が真に迫っている。「よし、これなら」と団蔵、スッ、スッ、スーッと本舞台ににじり寄り、「御前」、「ゆ、由良之助かあ、ま、待ちかねたあ」

——落語の芸道物『淀五郎』です。

芸道とか芸談というと、往々人生論、生き方談義にまで味わいが深まります。日本人は古来生きることを「道」と受けとめてきました。人の営みすべてが道。芸道、商道、医道、政道、茶、華道等々。そしてそれらが皆仏道に集約されていました。ですから学問も商売も芸事も、色恋沙汰さえも道であり、そこを行く人は皆行者《ぎょうじゃ》でした。人はそれぞれの道をどう生きるか、の根本課題がある。春秋の彼岸会《ひがんえ》には浄土の教えを説く寺々で、唐の善導大師が語った「水火二河白道《びゃくどう》」の譬《たと》えを絵説きして、今もそれに応えます。

諸欲煩悩の波打つ一本道を往《ゆ》く行者は、彼《か》の岸から弥陀如来が「来いよ」と招き、こちら岸から釈迦如来に「行けよ」とうながされ、疑い惑って立ちすくみ死を覚悟して歩み出すとき、無事、かの岸に渡り「待ってました」と喜び迎えられるという、この絵話《ばなし》は有名ですが、思えばこの落語『淀五郎』は、この巧みな比《ひ》喩《ゆ》にそっくりそのままですね。

どうして、白道で足がすくんで出ないのか。「これでいいのか、どっちがいいのか、どうすればいいのか」の思案分別、その根にある計算へのとらわれです。「ええ、ままよ。どうにでもなれ」と、計算分別を放棄した時、天地の運びに任せて、「南無三！」と足が出る。

その一点を、周りの仏縁に催され乗り越えしめられた時、彼我すべての人が、「待ちかねた」と喜び抱き包んでくれるのです。判官の「待ちかねた」の台詞《せりふ》こそは、如来の切なる胸の内であると同時に行者の私からの「お待たせしました」の感慨でもあるのでしょう。

そこに立ってみれば、今立っている極楽浄土に直結する道は、ほんの自分の脚下にあったのに、何とまあ時間のかかる遠回りをしたことか。その遠回りの距離を、『阿弥陀経』では西方《さいほう》十万億土といわれるのでしょう。脚下とは自分のまちがいに気付く内向きの目線《めせん》。遠回りとは自分抜きの外向きの目のことです。

逆さ吊り苦の真犯人

偽経［盂蘭盆経］

七、八月はお盆の月です。とりわけ八月十五日前後は、お正月と並んで、全国にわたり国民総移動と称されるくらい、毎年幾日も故郷へ行き帰る人たちが道路に乗物にあふれかえります。お盆は、まぎれもなく仏教行事に由来しています。日本人の暮らしと心に、仏教が深く根付いて、切っても切れないつながりをもっている証《あかし》です。

お盆に故郷へ帰って亡き人のお墓参りをするこの仏事は『盂蘭盆経《うらぼんきょう》』というお

経に由《よ》っていると学びます。この『盂蘭盆経』、実は俗に偽経《ぎきょう》（疑経）といって、後世に中国でできたものといわれます。でも仏典である限り、やはりお釈迦さまの教えが語られ、現代の私たちが学ぶ意義があるはずです。

『盂蘭盆経』とはこんな内容です。

釈尊の十大弟子のお一人、目連尊者《もくれんそんじゃ》が、初めて神通力《じんつうりき》を得た若い頃、亡くなった母親が、こともあろうにあの世で餓鬼《がき》道に堕《お》ちて苦しんでいるとわかりました。食物を目前にしても手で掴《つか》んだとたん、燃えて炭になってしまう光景を見た目連は驚き悲しみ、お釈迦さまに訴え出ます。母親は逆さ吊りの姿でもがいているともいう。盂蘭盆とは古代インド語ウランバーナの音写で、意味は倒懸苦、つまり逆さ吊りの苦しみということ。その次第を聞かれた釈尊は目連尊者に「七月十五日、仏弟子たちの『自恣《じし》（自らのわがまま邪見の罪を懺悔して、仏前に回向供養《えこうくよう》する）』の法会に、ともに回向供養しなさい」と導かれ、それに従って目連も母も、同じ罪に苦しむ多くの大衆（現代の私たち）も、ともにたすかったと説かれています。

私、かねがね抱いていた疑問は、亡くなって仏の国へ往《い》って仏になった目連さんのお母さんが、どうして餓鬼（欲望の塊り）になり、逆さ吊りで苦しむのか。いったい死んだ後でも欲にかられるということがあるんか、と解《げ》せませんでした。

それを解《と》くきっかけを下さったのが、先年亡くなられた松原泰道先生でした。百一歳で亡くなられた最後の正月、NHK・Eテレ「こころの時代」でお話を聞くご縁をいただき、松原先生ご自身の生々しい体験談から、日頃の疑問が解きほぐされました。

松原先生のお母さんは、生《な》さぬ仲、継母《ままはは》だったので、亡くなられるまで母子がしっくりいかなかった。それが戦争末期、疎開先（三重県津）での母の空爆死を機に、奥さまの一言から、先生自身の一方的自己本位、わがままな偏見で母を見ていた固執に気付かされ、はじめて母の苦しみ悲しみを同感同悲でき、母に詫びることができた、と語られ、倒懸苦《ウランバーナ》とは倒見（ものの見方、受けとめ方がひっくり返っている）苦だと頷《うなず》かされた、と話されました。

この世に残った私たちが、自己本位な偏見、執着で、正しい道理に背く限り、亡き母（両親はじめご先祖）とは同感同体、一つになれません。私のまちがった見方を脱しない限り、両者は幽明の境を距《へだ》てて、逆さ吊りの苦に責められます。この世での私の倒見苦が、そのままあの世の亡き人の倒懸苦となり、反転される。

死後、餓鬼道に堕ちて逆さ吊りの苦を受けている亡き人は、目連さんのお母さんだけでないのではないか。この私も、身近の亡き人を、あの世で逆さ吊りにあわせてケロリとしているんでないのか。お盆で故郷に帰り先祖の墓前で、「どうか私たちの幸せをお守りください。どうかいい目にあわせてください」と手を合わせる。その欲の満足の心、利潤を貪《むさぼ》る心をあの世の亡き人は、仏の国に身を置きながら、欲望の延長線上で功利幸福を祈る浅はかな現世の肉親の私たちの願望など、仏の教えに違《たが》い、道理に背く迷いとわかっていても無下《むげ》に拒みも出来ず、そこで板ばさみになって、逆さ吊りの苦を受けられているのでしょう。

亡き母の逆さ吊りの苦しみの下手人《げしゅにん》、真犯人は、他ならぬこの現世の目連（私）なのでした。その「自恣」の罪に気付かされ、改悛懺悔して回向供養するのが、お盆の仏事だったのです。

そんなことといったら、仏教はいったい暮らしを守り、幸せを招く現世の利益《りやく》功徳《どく》を否定するのか、と疑問が湧きますね。

仏教、いいかえれば人間の正しい生き方には、常にご利益、功徳がないはずはありません。親鸞作『現世利益和讃』十五首というのもありまして、そこには七難消滅とか息災延命とか諸天善神すべてが念仏の道に則した人生を守りづめに守ってくださる等とあり、ご利益、功徳は必ずついてまわる。

でも、それをあてにはしない、予想計算期待はしない。それをしたらもう仏教じゃない。取引《ビジネス》です、賭博《ギャンブル》です。「知らず求めざるに、功徳の大宝身に充ち満つる（「一念多念文意」）」のです。この辺の綿密な、微妙な人間心と仏心の水際《みずぎわ》を、お盆を機に、しっかりいただかなくてはなりません。

第二章 驕ったに心になっていませんか

亡きわが子のおかげ

能［隅田川］

世界に知られる能の名作『隅田川』。世阿弥《ぜあみ》作ともその長子、観世元雅《もとまさ》作ともいわれます。

舞台は東国武蔵《むさし》と下総《しもうさ》の境を流れる荒川の下流、隅田川。旅行く人を向こう岸へ渡す渡し舟。そこへ、人買いに一人息子をさらわれて、行く先は東国と聞き、あとを追って旅に出たという、心乱れた母親が乗り合わせます。対岸では人々が集《つど》うて仏事を営んでいる、そのわけを渡《わた》し守《もり》が語ります。

「去年のちょうど今日がその日。都から人買いが、年の頃十二、三歳の幼い子を買って奥州へ下《くだ》る途中、なれない旅で体調を崩し、歩けなくなった子どもを、路傍に捨てたまま立ち去ってしまいます。地元の者が介抱して聞き出したところ、都の北、白河に住む吉田の家の、わが名は梅若丸。父は世を去り、母一人と暮らすうち、かどわかされてここまで来たが、力尽きて絶命したなら、道端《みちばた》に埋めて柳の木を植えてくださいといい、念仏を幾度か称えて事切れました。奇しくも今日は一年目、皆してとむらうているところです」

——聞いた母は驚き悲歎にくれ、「それこそあとを追いたずねるわが子です。無事再会を楽しみに旅してきたのに、この有り様は何と無常な憂《う》き世なのか。土掘り返して姿形を一目見たい」と泣き崩れるのを、渡し守から、「誰がとむらうよりも、母親のあなたの回向《えこう》を、亡き人は一番喜ぶでしょう。念仏して後世《ごせ》安楽をとむらいなさい」とすすめられ、気をとり直し母親の念仏する声に、応《こた》えるように塚《つか》の中から子どもの声で、称名念仏が聞こえてきます。

それとともに、母親の目には、わが子の幻《まぼろし》の姿が現《あらわ》れ、手をとろうとするとその姿は立ち消え、「わが子よ」「お母さん」と呼びあいながら、探《さぐ》りあう間に、明け方の空がほのぼのと白《しら》みはじめ、わが子と見えたのは、塚の上に茂る草だったようでした――。

悲痛哀婉なるがゆえに、感銘がいつまでもたなびき、よく上演もされ、何かと引き合いに出される、能の人気作です。イギリスの二十世紀作曲家、ベンジャミン・ブリテンが、歌劇に仕立てたものも、世界中で上演されるようです。

幼いいとし子との死別、痛切きわまりない逆縁ですが、意外と世間に多くありまして、愛児の死を契機に仏縁を深めた人に、私も幾人か出会っています。

その一人。

愛知県安城市の倉地てる子さん。小学四年の次男孝尚《たかひさ》君は、学校の体育館のバスケットゴールが転倒し下敷きになり、病院へ運ばれたがそのまま亡くなった。

事故から二月後《ふたつき》、お寺で肉親、縁者、級友たちが集い、思い出話の折り、お寺の日曜学校で習い覚えたおつとめの「正信偈《しょうしんげ》」を孝尚君から、「お母さん、帰命《きみょう》無量寿如来《むりょうじゅにょらい》って知ってる。何のことかわかる」とたずねられ、面食らったのが話題にのぼって、「その正信偈を皆で学ぼう」と、月一回有志の者が集まり、もう二年以上つづいています。

二年つづけた結果、頷けたことを問うと、

「どんなことでも自分の努力と能力でできるんだ、と決めて暮らしていたことが、実はその努力も能力も、多くの他のものの力があってこそ、はたらくことができたんだと聞かされて、ドキリとしました。それを〝他力《たりき》〟というんですか。

今、高校一年生の長男が、高校、大学というお決まりのレールに乗って生きることに疑問をもって、今すぐにでも働いてみたいと、悩んでいるみたいなんです。以前でしたら、〈そんなこと、とんでもない〉と、頭ごなしに抑えたんですが、〈それならそれでいくらでも道はあるから、思ったことをやってみたら〉と、母親としてゆとりをもって、受けとめられるようになりました。これも弟の事故死から、大切なことを教えられたおかげだと思っています」

「正直いって、もっと早く仏法に出遇っていたら、これまでの、金銭的な損得や学校の成績とか、わが思いがかなうことばかり目指して生きるあり方でない、もうひとつの生き方に気付かされて、私の子育ても違っていただろうと思います。これからもゆっくり仏法を聞かせていただくつもりです」（『同朋新聞』四三三号から一部引用）

能の『隅田川』の母親も、誘拐されて生命を落としたわが子を機縁に、念仏し回向するとはどういうことかを、やがてわが身の上に信知《しんち》しなければなりません。念仏回向とは、亡くなった人にさし向けるものでなく、生き残った私（母）自身が、仏法僧に帰依して、わが生き方を正《ただ》すことです。それでこそ、亡き愛児《いとしご》も真に安らぐことができるのでしょう。倉地てる子さんばかりでなく、私の出会った、子を亡くしたお母さんたちは一様に、そこから明るい広い道（往生極楽の道）に出ておられます。

親の都合で子を責めるな

日本昔話［つぶの長者］

貧しい夫婦に子どもがなくて、水神様に願《がん》を掛け、「私たちの子なら、たとえ螺《つぶ》（田んぼの田螺《たにし》）でもかまいません。わが子を授けて」と祈りました。やがて子どもに恵まれましたが、それは小さなつぶでした。それでも夫婦は「水神様の申《もう》し子」といとしんで、神棚の茶碗に水を汲み、欠かさず飯粒などを食べさせ、かわいがって育てました。近所の人は笑ったり、気の毒がったりしましたが、夫婦は気にしません。

それから二十年経った、といいます。でもつぶは元気に育っているものの、昔のまま、ものもいいません。

「人間ならもう一人前の大人だというに、つぶでは何の役にも立たん。もうおれたちも年をとって働けん。この先頼りになるだろか」と、父親が年貢米《ねんぐまい》を庄屋さんへ届ける支度をしながら、思わず愚痴《ぐち》をこぼしました。と、どっかで声がして、「父《とっ》つあん。長い間お育ていただいたが、もう世間へ出る時だ。今日からおれが米を運んでいくで」と、神棚のつぶが口をききました。

びっくりもし、惑いながらいわれるまま馬の上に乗っけてやると、「じゃ父さん、母さん。行ってくるで。はい、どうどう」。声一つで馬を指図しながら、きれいな声で馬子唄《まごうた》まで歌って、みごと庄屋の門まできました。

水神の申し子のつぶのことは、長者の一家も知っていたので、つぶのいう通りに手伝って、無事米俵も納め、つぶは正客として長者と対面。堂々挨拶もし、世間話をしても万事にみごと。長者も大へん気に入って、二人の娘のうち一人を嫁にやろうとまでいうほれ込みよう。でも姉娘は「虫けらなんか」と断り、妹ゆかは「父さんが見込んだ方なら、私嫁《ゆ》く」と話が決まり、二人は夫婦になりました。つぶの采配《さいはい》のうまさと、ゆかの骨身惜しまぬ働きで、家は豊かになり老夫婦も大喜び。ある日、里帰りの途《みち》すがら水神様にお参りしたとき、うたた寝していたつぶを見失って、辺り一面田んぼに入って探しても見つからず、泣き悲しんだゆかが身を投げ出した拍子に、草叢《くさむら》へ落ちていたつぶをピチャッと潰《つぶ》してしまいました。その途端、水神の祠《ほこら》の裏から凛々《りり》しい人の姿の若者が現れて、「おれが夫のつぶだ。泥んこにまでなって探すお前のせいで、殻《から》が破れて一人前の姿になれた」と、二人は手に手を取って喜び、その後、長者の家も後を継《つ》ぎ、皆から「つぶの長者」と呼ばれました。

日本昔話『つぶの長者』です。「子は授かりもの」といわれます。いくら祈っても願っても、ご縁がなければいただけません。たとえそれが滓《かす》でも屑《くず》でも相当の出来損《そこ》ないでも、二十年間慈愛をこめて信じて育てるのが親心。ところが私たち世の親は、せっかく恵まれたわが子を自分中心な親の都合《つごう》不都合で「気に入らない」といって疎《うと》んだり、責め裁きます。

岐阜県羽島市のあるお母さん。息子が高校時代からシンナー常習で警察沙汰。「無事卒業、就職できるか」と気が気ではなかったが、どうやら卒業し、近くのガソリンスタンドへ就職。ところがそこでも商売物のシンナーで遊び仲間と問題を起こしてしまいました。お母さんは嘆いて、「私は小さい頃からまじめ一方、苦労して育てたのが、よりによってこんな不出来な子。私は仏教の因果応報の道理が信じられません」と子を裁きます。

「お母さん。子どもだって大きくなれば社会の中で人間関係など複雑になり、親の思う通りにはなかなかいかない。疲れて癒《いや》しを求めて帰る唯一の家庭に、容赦なくわが子を責め裁く母親ががんばっていたら、安息の場もない。悪友とシンナーで遊ぶようになるのは、因果応報。母親のあなたが地獄の鬼でしょう」といっても通じません。「もらうものもらえば直るか」と嫁をもらいましたが、シンナーを隠していたのがばれて、親の力で離婚させられ、悲観した青年は自ら命を絶った。後、遺品に日記が見つかり、「シンナーのことがわかってしまった。夫婦二人で泣いて、時間を掛けても絶対やめると誓い合った」と記されていたそうです。

前話にも取りあげた、愛知県安城市のあるお母さん。小学四年の次男を事故で失ったのを機に、毎月命日に寺で少人数の有志と聞法し始めた。その三回忌の折の話。「死んだ子の兄が今大学受験で、一流大学一流会社というエリート人生に疑問を感じ、悩んでいるらしいんです。以前なら絶対ダメ！と決めつけたでしょうが、仏教を学んで、『自分の納得出来ること、やってみたら。それでだめなら出直せばいいのよ。お母さん、どこまでもあなたの味方だから、したいことしてみたら』といえました」

つぶの長者の両親は水神（如来）様の申し子として、無計算、無所得、無執着、あるがままにいつくしみ、育てつづけて二十年、成人してみごと世間並み、一人前にさせたのです。

わが身を問えるか

ギリシャ神話［ナルシソスの恋］

ギリシャ神話で有名な話の一つ、『ナルシソスの恋』。

山や森に住む美しい妖精《ニムフ》のエコー（こだま）は、おしゃべりが欠点で、女神へラの不興を買い、聞こえた声をくり返し復誦する以外、自分からものをいうことが、できなくされてしまいました。そのエコーが、猟をする美しい青年ナルシソスに恋をしましたが、自分から声をかけられません。

ナルシソスが「誰かいるかい」と問うと、「誰かいるかい」としか答えられません。「出ておいで」といわれて「出ておいで」と答え、「いっしょになろう」といわれ「いっしょになろう」とくり返し、青年の前に飛んで出ましたが、ナルシソスは後退《あとずさ》って、「お前なんかといるより、死んだほうがましだ」と貶《さげす》み、エコーは捨てられてしまいました。

悲しみのあまり、彼女は森の奥に身を隠し、姿形は消えてしまい、声だけが呼びかけた人の声をくり返すばかりになってしまいました。美貌のナルシソスはこうしてほかにもたくさんの妖精《ニムフ》たちを欺《だま》し、蔑《さげす》み、はずかしめました。裏切られた妖精《ニムフ》たちは復讐の女神に、「彼が恋をしても、報われないようにしてやって」と祈り、女神は承諾しました。

森の奥に、美しい水を湛《たた》えた泉がありました。森へ狩りにきたナルシソスが、その泉で口の渇きをいやそうとしたとき、水面に美しい顔を見つけ、思わず見とれました。それは自分自身の顔が映っているのです。彼は自分の姿に恋してしまいました。水に映る自分に話しかけ、手をさしのべれば、向こうも手をのべる。笑いかければ笑い返す。でも水に触《ふ》れると波でかき消えてしまう。ナルシソスは一日中、次の日も次の日も、水に映る自分に話しかけ、「どうして逃げるのか。多くの妖精が皆私を追っかけるのに、どうしてお前は来ないのだ」と、焦《こ》がれ、呻《うめ》き、歎いて、昼も夜も水辺から離れられず、とうとうやつれ果てて、泉の底に沈んでしまいました。

やがて、その岸辺に薄紫の白い草花が咲き出しました。その名を皆は、ナルシソス（水仙）と呼びました――。

自分自身の姿形に惚れ込んで、我を忘れ、うっとり眼《まなこ》で眺めるのは、ナルシシズムといわれます。自己陶酔、うぬぼれの一つでしょう。

人間、生きる上で自分を知る、自分を見ることは大切です。仏教でも「自己を習う」（道元）とか「自身を深信《じんしん》（深く見つめる）する」（親鸞）といわれます。

でも、この神話の青年みたいに、自分で自分にべた惚れして、陶酔してしまうのは、愚かしいことです。が、これが意外と世間に多いんです。

寺の聞法会で座談しながら「私は公明正大清廉潔白《せいれんけっぱく》、他人様《ひとさま》から指一本指《さ》される覚えはない」と完全無欠を自負して貧乏揺るぎもしない人があります。そういう人を、極楽浄土と距《へだ》たること遥か十万億土といわれるのでしょう。自分を見ていても、まったく自分が見えていない。

北海道の井田ツルさん（九十歳）の話が、『同朋新聞』二〇〇九年の正月号に出ていました。五十年前、二十三歳の長男を交通事故で亡くし、それが縁で聞法しはじめました。死んだ子がどこにいるか、地獄か極楽かを聞き届けたい、の思いだけで足を向けたお寺から聞かされたのは、「わが身がどんなものかを問え」の一言でした、と。

憎いひき逃げ犯人（後日逮捕、未成年で罰金五万円で済む）の写真を、仏壇脇の柱に、呪いの五寸釘みたいに鋲《びょう》で刺したことさえあった、という。

それが、二、三十年聞法しつづけて、やっと犯人を許せる気持ちにまでなったけれど、聞法仲間から、「許す許さん」は仏様の領分、人間が人間に向かって許すなど、分を越えた傲慢の沙汰よとたしなめられ、我執の根強さを思い知らされました。

その後もお寺で「わが身一つを問え」の一筋道を歩まされつづけ、「犯人はどうしているか」の思いが強まり、「あの人（犯人）だって、年齢とともに妻子もでき、その昔自分のしたことを内省すればするほど、罪の呵責《かしゃく》に責められて苦しんでいるのでなかろうか」と思ううち、一度会ってみたいと思うようになったところから、夢の中で犯人と出会った、といいます。

その時井田さんは、思わず知らず、いきなり相手の手をとって、「ああ、ごめんなさい。長い間ご苦労かけて申しわけありません」といいながら、泣いてしまった、というのです。

夢から覚めた時、「ああ、よかった」という喜びであふれた、と述懐されています。

仏教で「自己を習う」「自分を深信する」「自分を問う」とは、どこまでも罪悪深重、煩悩具足の執着心を、厳しく見据えることのそれ一つなのです。

たたりの発信元

［伽婢子］／谷崎潤一郎［人面疽］

江戸時代の怪奇短篇小説集『伽婢子《おとぎぼうこ》』（浅井了意）、その巻九にこんな話が出ています。

――山城国小椋《おぐら》の農家の者、暫《しばら》く前から悪寒《おかん》がしたり身体中が痛みなどしている内に、左の股《もも》の上に腫物《はれもの》ができ、それが人の顔の形をして、眼をあけ口を開く。食物を与えると口を動かし、噛んで呑み込む。酒を飲ませれば顔面赤く酔う。食を与えないでいると痛みが激しくなるというので、心身やつれ、死も間近とみえ

る有り様。遠近の医師に診《み》てもらっても埒《らち》があかず、たまたま諸国行脚《あんぎゃ》の道人《どうじん》（仏道修行者）が通りすがりにみて、

「死に病いじゃが、手立てがないものでもないけれど、金がかかる」という。

「田地《でんち》を売ってでも治せるものなら」と金を作り道人に渡した。様々の薬石《やくせき》を求めて調合し、試みるものの、何でも食べて一向に利《き》かない。やっと貝母《ばいも》（ユリ科の薬草）だけは、固く口を閉ざしそっぽ向くので、口をこじあけ、粉末にしてストローで吹き込み呑ませたところ、七日ほどして腫物がかさぶたになって全快した。世に人面瘡《にんめんそう》というのが、これ。――〔以上、筆者意訳〕

こんな話を聞くと、つい反射的に「へえ。そりゃ何かの、誰かのたたりではないのかね」と反問してしまいます。

この素朴な伝え語りを基《もと》に、大正七年、怪奇ホラー小説『人面疽《にんめんそ》』に仕立てたのが、〈谷崎潤一郎でした。後年、日本の伝統的な耽美の世界を、あでやかに綴りつづけたこの作者も、若い頃はこんな猟奇的な世界に関心を燃やしていたみたい

です。

〔梗概〕アメリカで国際的女優と名を馳せた歌川百合枝の無名時代、怪しげなアンダーグランド映画『人の顔した腫物』（邦題『執念』）が、場末の映画館に出回っているというので、身に覚えのない百合枝自身も一度みたいと思うが、果たせません。

人の話では、その映画の筋は、長崎辺り、港の色街で、菖蒲太夫《あやめたゆう》という花魁《おいらん》が、アメリカの船員と駆け落ちするのに、太夫を恋慕する浮浪の青年を欺して利用し、青年の純情をふみにじってしまう。怨嗟と屈辱と絶望の青年は港で入水自殺。

その後、思いを遂げて渡米した太夫の美しい脚に、奇怪な腫物が生じ、やがて自殺した青年の顔となり、船員との間はあえなく壊れてしまいます。

それ以後、太夫は、次々と持ち前の艶麗な容姿と手練手管《てれんてくだ》で、男たちを手玉にとり、ついには伯爵夫人にまでかけのぼるけれど、脚の腫物がわざわいして、夜会の晩に自らの胸に刃を突き立て、太夫は果てます。その時、腫物の顔だけが、画面一杯に大写《クローズアップ》しで、本望《ほんもう》を遂げたかのように、舌なめずりして笑っている、という映画なんだそうです。

しかも、百合枝自身こんな映画を撮った覚えなどさらにない。切れ切れの断片フィルムを編集し、トリック焼き付けの技術で作るのは、アメリカ映画のお手のものだけれど、どうにもそうした手先の技術操作では表現できない場面があって、相手役の腫物の顔の俳優も謎のまま、というところでこの小説は終わっています。

何ともグロテスクな話ですが、でもこれ、のちに古典大作『源氏物語』を現代訳したり、『春琴抄』や『細雪《ささめゆき》』などを書く谷崎の若書きの作品ですし、その意表をつく換骨奪胎《かんこつだったい》ぶりは、目をみはらされます。


で、はじめの「人面瘡」の話に戻ります。谷崎ならずとも私たち、ふっと「これ、何かのたたり、誰かの怨念が、こんな形で報いたんでないの」と連想します。ことほどさように、今も昔も、他人の怨念執念が凝り固まって、たたりになって人を怯《おびや》かし、苦しめるということが、あまりといえば世間通途《つうず》に取り沙汰されます。

「どうも悪い目がつづく。何かのたたりでないか、一度見てもらおう。拝んでもらおう」という人が、二十一世紀の今日でも後を絶ちません。供養を怠ったご先祖の怒り、祀《まつ》り手の絶えた何代か前の土地の住人の怨念とか、方角とか家相とか墓相とか、便所の位置とか、名前の画数《かくすう》の良し悪しまで、たたりの発信元は実にさまざまです。

が、ことごとくこれ、自分抜きでの外向き、他者に向けての原因追求に右往左往しているわが姿に、気付いておりません。何かがたたっている、誰かが怨みを抱いていると勘繰《かんぐ》る。これ、自己中心の妄念妄想。世の中のこと一切、何か一つ誰か一人のせいで起きるものでありません。そうならずにいない無限の時間・歴史のつながりと、無限の空間・世界のひろがりの中で、そうしからしめられたんです。これを無量寿・無量光、ひっくるめて他力。わが身にそれを受ければ、宿《しゅく》業因縁《ごういんねん》です。

カルトのつけこむすき

説話［今昔物語］［宇治拾遺物語］

日本仏教の伝承説話集で、一番古いのが、奈良時代末期の『日本霊異記《りょういき》』。これは私なんか大好きな日本最古の一級怪奇ホラー小説。

つづいて平安後期の『今昔物語《こんじゃく》』、鎌倉時代の『宇治拾遺物語』がありますが、その『今昔物語』の巻二十第十三に「愛宕護《あたご》山聖人、野猪に謀《たぶらか》さるる語」というのがあります。ほとんど同じ話が『宇治拾遺物語』巻八の六にも「猟師仏を射る事」として出ています。

京愛宕山《あたご》に、一人の法華聖者が長く寺から出ず、一心に修行していました。そこへ、近くの猟師が徳を慕って出入りしていた時、「長年の修行の成果か、毎夜のように普賢菩薩が白象に乗って、私の前に現れてくださる。寺の小僧も見ておる。今夜はお前も拝むがよい」と誘われて、真夜中まさしく闇の中に象に乗った菩薩の姿が現れました。

僧の後ろから感動して拝みながらも猟師は、「待てよ。修行怠りない聖者なら別、日頃殺生《せっしょう》ばかりしている不信心な猟師の私にも見えるという仏は、怪しいぞ。信の確認のためなら、よもや罰も当たるまい」と、持っていた弓に矢をつがえ、仏に向かって射放った。とたんに辺りの光明はかき消え、荒々しい騒音を響かせて仏の姿は霧散した。驚き悲しむ僧をともなって、点々と血のしたたる跡をたどっていくと、寺の裏の谷深い藪の中に大きな野猪（『宇治拾遺物語』では大狸）が矢を射られて死んでいました。

『今昔物語』は結んで《…聖人ト云《いえ》ドモ、智慧無キ者ハ此《か》ク被謀《たぶらかさ》ルル也。役ト（専らの意）罪ヲ造ル猟師也ト云ドモ、思慮有レバ此ク野猪ヲモ射顕ハス也ケリ》と判じています。『宇治拾遺物語』では《…聖なれど無智なれば、かやうに化かされけるなり。猟師なれども慮《おもんばか》りありければ…》と評しています。

この物語は、宗教（仏教だってその埒外《らちがい》ではありません）というものについてまわる、今も昔もありがちな危険な落とし穴が、そこに指摘されているように思えます。古い昔の話でない、現代だって、高い教養を身に受けた、すぐれた能力をもった若者たちが、手もなくこうした超常的な、神秘現象まがいの謀りごとにたぶらかされていく例を、たとえばオウム真理教や統一教会などのような事件から、見せつけられているじゃありませんか。そしてそれは、オウムやなんかの他人事ではありません。伝統的な格式を誇る既成仏教教団の営みの中にも、その要素がしのび込んでいはしないかと思わされます。宗教世界にままはびこって、その健康を蝕《むしば》む〝カルト〟性です。

カルトというのは宗教ばかりでなく、政治にも教育にも医療などにも混入してくる、病的内面状況のことです。それは個人の健康な主体性を喪《うしな》わせ、教祖、指導者、司令本部の操縦のままに、ロボットみたいに催眠状態にされ、洗脳されて、献身奉仕させられ、個々の人間が集団組織の一歯車、消耗品化されていく。この〝カルト〟術が、集団組織を管理運営する上では、実に効果的に働きます。一面からすれば、国を挙げてのカルト国家もあるかもしれません。

この愛宕山の法華聖者もその一例でしょう。

その歪んだ閉塞状況をどう破るかです。

小泉八雲《ラフカディオ・ハーン》が『怪談』の中でこの『今昔物語』の話を紹介し、題を「COMMON SENSE」と名付けています。一般訳では「常識」でしょうが、もう少し深い意義が含まれているようです。

お釈迦さまの仏法とは、本来、コモンセンスに立った認識ではありませんか。それを「覚り」というんでしょう。世の中の、全宇宙の法・道理そのこと一つを認識する。それが仏智、覚りではないですか。

法華聖者の思いこみ、信じこみ。それは己の今日までの修行への買い被《かぶ》り、自己過信、つまりは自惚《うぬぼ》れ、驕慢《きょうまん》心です。それに対し、猟師は、「私みたいな不信心の、罪深い愚悪の凡夫」の立脚地をはずさない。これがコモンセンスだと八雲はいうんです。

「このわしも長年修行してきたからには、そろそろそれに見合う徳がさずかってもいい頃だ」の思い上がりが、カルトのつけこむすきをつくります。「ありがたい、とうとい仏さまのお慈悲、ご利益、はかりしれぬ功徳。感激せずにおれぬではないか。もったいない、おかげさま」と、カルトの下地、受け皿がしつらえられるとき、ふとした偶発現象が〝奇瑞奇蹟〟に映ります。壁のカビ痕や雨漏りのしみが、神や仏の啓示、霊験あらたかなご托宣に化けてしまうのです。作為的な信仰操作がそれを巧みに利用して謀《たぶら》かします。

「それに値するこの自分なのか」。これ、コモンセンス。『今昔物語』などのいう思慮、慮《おもんぱか》りです。そこから、健康な生命が通う宗教が回復します。

私の中の罪業慟哭

小泉八雲［食人鬼］／野上彌生子［海神丸］／武田泰淳［ひかりごけ］

前節につづいて、小泉八雲の『怪談』を取り上げますが、その中に夢窓国師にゆかりの説話「食人鬼《じきにんき》」があります。

国師が美濃山中で路に迷い、山深い庵室の老僧に宿を乞うが断られ、かわりに教えられた麓の村で、一夜の宿を得た村長《むらおさ》の家では、その夜がとむらいの通夜。真夜中、家人や村人たちがどこかへ去った後、家に置かれた骸《むくろ》の枕辺で読経する国師。その目前で、得体《えたい》の知れぬ黒い影が荒々しく死骸に跨がり、その肉を貪り尽くし、祭壇の供物まで食い散らし、また走り去る間、国師は金縛りにあったように身動きできなかった。

夜が明け、人々が戻り、国師から夜中の出来事を聞かされても、誰も驚かず、「この辺りではずい分前から、死者の出た家では、いつも人食い鬼に食べられるのがならわし。あなたこそ無事だったのに驚いた」と聞き、「それは魔性のわざわい。山の庵《いおり》の老僧を頼んでとむらいしてもらわないのですか」

「え？　この辺りにそんな庵も老僧もいませんが……」の答えに、国師は昨夜下りた山路を戻り、山の庵室を訪ねた。そこの老僧は、国師を見るなり、「何ともお恥ずかしや、顔を合わすのもお恥ずかしや」と身を投げ伏す。

「宿を断ったのを、そう詫びることはない。里の村長の家に泊めていただきました」

「その村長の家で昨夜、あなたの見られた人食い鬼はこの私のあさましい姿。この私は僧でありながら道心もなく、衆生教化の仕事を怠り、ないがしろにして、現世の欲の満足ばかりに耽って一生を終えました。その報いに、命終えて浄土往生がかなわず、死者の肉を食らってさ迷う、鬼の境界に落ちました。どうか有徳《うとく》のあなたに一遍の読経供養にあずかりたい」と語り終わると、庵室も老僧の姿もかき消えて、荒れた山かげの草むらに、古びた五輪塔だけが残されていた。

何ともすさまじい怪談ですが、人肉食という、およそ極悪無惨、おそろしい罪業の因果物語です。そしてこの話は、鬼に化した僧が「お恥ずかしや」とわが身を悲歎し、懺悔する時、鬼の境界はかき消えて、成仏を果たすのです。あの、越前吉崎の嫁威《おど》し肉付きの面の鬼婆《おにばば》（14頁）と同じ、「鬼婆の私だった」と回心《えしん》懺悔の即刻その時、鬼の面はポトリと落ちるのと、同じ消息です。

同じような、人肉食の鬼が、鬼を超える話が、近代文芸の中にいくつかあります。その一つは野上彌生子《やえこ》の『海神丸』です。時化《しけ》に遭って漂流する四人の漁師が、食糧も尽き、気性の荒い八蔵が、船長の甥《おい》三吉少年を殺して食べる。五十九日目に奇蹟的に救護され、取り調べの役人に船長が「三吉は病死した」と報告したとき、ベッドに臥したまま八蔵は、全身を痙攣《けいれん》させて号泣する、という名作短篇です。

近代小説であるだけに、ひもじさから若い仲間の一人を殺して食べる誘惑にかられ、それと葛藤《かっとう》する心の動き、食べた後での言いつくろい、自己弁護などの経過が、リアルに克明に描写されて、惻々《そくそく》と胸迫るものがあります。そして八蔵の腹の奥底からこみあげる慚愧の慟哭。この瞬間、八蔵はその身にどんな劫罰を蒙ろうとも、甘んじて神妙に引き受けていく体勢を、ひとりでに身に帯びているのでしょう。それが〝救い〟なのでしょう、この小説の、そして、人間の。

この短篇を原作にして、新藤兼人が映画『人間』（昭和三十七年）を制作しました。

もう一つ挙げるなら、武田泰淳の『ひかりごけ』です。

第二次世界大戦末期、厳冬の北海道知床《しれとこ》の洞窟で、難破した軍用船の生き残り乗組員四名が、糧食に飢えて、順次死んでいく仲間の屍肉を食べ、最後に船長一人が救出される。一時は戦時美談とはやされながら、洞内に人骨が見つかって、一転、裁判にかけられる。その法廷で、人肉を食べた者だけに現れる頭上の光が、検事にも弁護人にも裁判官にも、やがて傍聴席の群衆にも現れ、全員を包んで光る。人肉を食べた者には見えない光が、ひかりごけのように法廷に群れて光る。

こういうあらすじです。

人肉食は、特異な状況下の人食い鬼だけのものではない。

振り返ってみれば、ほとんどすべての人が、この私を含め、該当者ではないのか、と作者は問題を投げかけます。親がその恣意《しい》のままに子の生き肉を食べ、子が親を食べ（古く「親の脛《すね》を齧《かじ》る」との表現もあり、「人を食った話」などともいう）、夫が妻を、上司が部下を……、皆相手の生き身を食らって生きるのでないかと作者は、その自覚を迫り、促します。そこには浄土仏教の、わけて親鸞の深い罪業《ざいごう》慟哭が、遥かな木霊《エコー》のように響き、彼方からあの茜色《あかねいろ》の〝救い〟の夕焼けが、明るく反照しているようです。

なぜ人はだまされるのか

落語［王子の狐］

江戸は昔。王子稲荷《いなり》に参っての帰り、田圃路《たんぼみち》の草薮から狐の尻尾が見えるのでのぞくと、狐が頭に草を乗っけてひっくり返り、たちまち美しい年増《としま》女に化けたのを見てしまった半公。そしらぬふりして狐の化けた女に、

「おや、隣り町の清元のお師匠じゃないか」

「まあ、半ちゃん。こんな所で出逢うなんて、うれしい」

「じゃ、そこらでちょっと一ぱい」

と、近くの料理屋へ上がり、酒肴《さかな》ですっかり酔わせて、眠ってしまった女狐《めぎつね》をそっと寝かせておいて、お土産の折り詰めまで作らせた上、帳場で、「連れが寝ちまったが、紙入れを預けてあるから、起きたら勘定はあれからもらって」と、帰ってしまいました。

酔いから醒めた狐が事の次第を聞いてびっくり。「化かしたつもりが化かされた」と、つい不覚にも尻尾を出してしまいました。

「狐が化けていたんだあ」と大騒ぎになり、女狐は店の男たちから袋だたきに遭って這々《ほうほう》の体《てい》で逃げ帰りました。

一方の半公、友達の辰《たつ》に土産を渡したら、「そりゃとんでもねえ話。お稲荷さんのお使いの狐、後のたたりが怖いぞ。お詫びに行ったがいい」とすすめられ、翌日、狐を見かけた田圃路辺りで、穴ぐらから顔を出していた子狐に、手土産の菓子包みを渡し、「おっ母《か》さんにすまなかった。かんべんしてくれと伝えといてくれよ」と謝って帰りました。巣の中で半死半生の母狐に子狐が、

「すまないといって、こんな包みをくれたよ。あ、ぼたもちだ。うまそうだな、

たべようよ」

「おやめ。また人間に化かされる。それ、馬の糞かもしれない」

――二月になると、冷たい寒《かん》もあけて、ことばだけでも立春、節分、初午《はつうま》と春めいてきます。その初午にちなんで、二百年来伝わる古典落語の『王子の狐』です。原話は正徳二年刊の『笑眉《えみのまゆ》』に載るといわれます。

初午とは二月最初の午《うま》の日で、農耕神稲荷信仰の祭り。その発祥は、平安初期には文献に出ているといわれます。古く狐は稲荷神の使いとされてきました。

江戸時代には福運、子授け、火防など、諸願成就の庶民信仰として普及し、江戸市中に「伊勢屋稲荷に犬の糞」とうたわれるほど、その社祠があったといい、この落語の舞台、王子稲荷は関東一円の稲荷神総取り締まりの社で、毎年大晦日《おおみそか》には関八州の狐が、この神社に向き合う田圃の中の大榎《けやき》の根本《ねもと》に大集合して、装束をととのえ、稲荷社に参籠した、といわれます。

有名な歌川広重の『名所江戸百景』の中の「王子装束榎木狐火図」は、その集合の幻想風景を描いた名作浮世絵です。

与謝蕪村で、私の好きな句に、

公達《きんだち》に狐化けたり宵の春

という、ファンタジックな一句があります。狐のからむ名作、お伽話、民話も多彩で、数えはじめたらきりがありません。

狐は狸と並んで、よく人間を化かします。が狸は、しばしば間の抜けた、泥くさい化け方をするのにくらべ、狐はより洗練されていて繊細で、詩的です。昔から日本人は自然の中でともに生きる生き物たちと、ねんごろに交わってきました。とりわけ狐は、牛馬や犬猫みたいに、つながれた隷従者としてでなく、また熊やおおかみのように恐れられる害敵でもなく、蛇のように忌《い》み嫌われる存在でもありませんでした。常に、人間の上にも下にもつかず、対等といっていい立場で、自由に親しく、いたずらしあい、この落語みたいにだましあい、だまされあって交わってきた、ほとんど唯一の動物ではなかったでしょうか。

芝居の『義経千本桜』四段目の「狐忠信《きつねただのぶ》」の話は今も昔もかわらぬ人気演目ですし、創作童話ですが、新美南吉の『ごんぎつね』は、小学校の教科書にも出ています。いたずら狐のごんが、貧しい一人者の兵十《ひょうじゅう》に魚盗人の濡《ぬ》れ衣《ぎぬ》を着せ、痛い目にあわせた償《つぐな》いに、こっそり兵十の許《もと》へ山の栗の実やまつたけを運ぶうち、姿を見つかって火縄銃で撃たれ、死に際《ぎわ》に栗の送り主だったとわかる、という哀話です。

はじめの落語とちょうど逆《さか》さみたいな筋ですが、この二つには、ほとんど人間同士の間柄を思わせる、ほのぼのとした情味がにじんでいます。そこには日本人独特の謙譲で純朴な博愛心が、底を流れているようです。

私たち現代人から見失われてしまった、寛《ひろ》い畏愛の民族性、庶民性の伝統。それは万物の霊長の座から下等霊の獣類を見くだすような尊大な意識でない、「一切の有情《うじょう》は皆もて世々《せせ》生々《しょうじょう》の父母《ぶも》兄弟なり」（歎異抄）という仏教の平等心から培《つちか》い養われた品性のように思われます。

知らぬが仏でいい

落語［天狗裁き］

「あんた、そんなとこでうたた寝《ね》してたら、風邪引きまっせ。……何や、難しい顔してブツブツ寝言《ねごと》いうて。あらら、ニターッと笑うて……。面白そうな夢やろか。ちょっと起きなはれ。あんたちょっと。……どんな夢見てたんや」「ああ、寝てたな。夢て、何も見てへん。覚えない」「そな、あんた、私にいえんような夢見てたんか。いいとうないならいわいでもええがな。だいたい、あんたて人は昔から水臭《みずくさ》いんや」「何ぬかす。見てへんもんは見てへんちゅうてんやがな。わけわからんことぬかしてけつかったらボーンといくぞ」「ふん。自分が都合悪うなると、すぐボーンといくやなんて、どづくなと蹴るなとええようにし」「よーし、土性骨《どしょうぼね》入れたるさかい」「どうでもしなはれ。いっそ殺せ」「何を。殺したる」……。

長屋の隣家の徳さん、仲に入って、

「また始めよった。ようもめる夫婦やな。楽しみでやってるんかしらんけども、近所の者《もん》の身にもなってみい。おさきさん、どないした。何、寝言いうてニターッと笑うたりして、面白い夢見たんなら話して聞かせいうても、夢なんか見てへん、覚えないちゅうてあげくのはて殺せの何のて、ほんまにアホらし。……お前もお前や。そりゃ女房にいえんような夢見ることもある。幼なじみで兄弟分のおれにだけ話して聞かせ。どんな夢やった……。そうか。このおれにも話せんちゅうのかい。もうお前とは縁切りや。路で会うたかて、ものいわんさかい、覚えとれ」「ようぬかした。もうこの家、来てくれんな」「親切だてに仲裁したったんを何ぬかす。やる気か」「おう、やるか」

隣り同士の騒ぎに家主が仲に入り、「お前ら、元はというたら夢の話を聞かさんの諍《いさか》いで、仕事ほっといてのけんか沙汰。家賃もろくに払わんといて、しょもない。去《い》ね去ね。……で、面白そうな夢見たらしいな。わしにだけちょっと話せ。……いやか、どうしてもか、そうか。大家《おおや》で町役人までしてるわしにもでけんちゅうんか。あ、そうか。なら、今日限りこの家空《あ》けてもらおか。何をいう、出るとこへ出ても覚えないものは話せんて。よういうた。出るとこへ出ても店立《たなだ》てせずにおかん」

と、西の御番所、お奉行《ぶぎょう》の手で裁判ということになり、「長屋内《うち》の店子《たなこ》同士の争いを、平穏に仲立ちして収めるが大家、町役の勤めなるにもかかわらず、夢の話を話せ話さぬの諍いに、天下公儀に手間を煩わすは不届《ふとど》きの至り、きつく叱りおく。喜八、店《たな》を空けるに及ばん。一同立ちませい。……したが喜八。そちの夢の話、この奉行だけにそっと話せ。何、それもできぬというか。どこまでもお上《かみ》に楯突《たてつ》く気か。拷問《ごうもん》にかけてでも聞き出してみせるがどうじゃ」

と縛り上げられ、庭の松の枝に吊るされて雨ざらし。と一陣の旋風《つむじかぜ》とともに喜八の体は雲にさらわれ、気づけば鞍馬《くらま》山の奥、僧正谷《そうじょうだに》。目の前に、羽団扇《はうちわ》を持った天狗《てんぐ》が、「奉行ともあろう者が、町人風情《ふぜい》の夢の話を聞かんため折檻《せっかん》責め苦にかけおるを不憫《ふびん》と助けつかわした。たかが夢の話に心奪われてらちもない。たかが夢の話、……どうじゃ、その方しゃべりたければ聞いてつかわすが……」「何《なん》ぼいわれたかて、見てへんもの話せまへんがな」「まだいうておるか。それなら……」

と天狗の指の鋭い爪が体に食い込んで、「アッ、たすけてくれえ、ウーッ」

「ちょっと、あんた、えらいうなされて……どんな夢見たン?」

――古い上方落語の「天狗裁《さば》き」。

私の子どもの頃、宇野浩二の童話で、「聞きたがり屋」という、おばあさんの聞きたがりの悪癖に悩まされる猟師のおじいさんの話がありましたが、この落語も、女房はじめ隣家の兄弟分から長屋の大家、お奉行、はては鞍馬の天狗まで、表向きの体裁《ていさい》とは裏腹の、聞きたがり屋の凡情をさらけ出す長い噺《はなし》です。

近頃は、知る権利、情報公開とか、いや秘密保護だとか、聞きたがりと聞かせ渋《しぶ》りが交錯してやかましい世の中ですが、仏法では昔から「知らぬが仏」といわれます。知らないより知った方がいいのか、なまじ知るより知らない方がましなのか、「知らぬが仏」の一言は意味深長です。

同じく「門徒もの知らず」ともいわれ、これなどは真宗門徒が、弥陀ばかりをたのんで他を顧《かえり》みないのをあざけっていう語と、辞書などにありますが、「知らぬが仏」も「門徒もの知らず」も決して、あわれんだり、あざけったりにはあたらないので、お釈迦さまのさとり、生き方とは、世の中万端《ばんたん》、重々無尽の縁起《えんぎ》の道理に随順する一つ。一切の比較や予測の計算沙汰は無効かつ無用。ただ、無量《アミータ》なる時間《いのち》のつながり、無量《アミータ》なる空間《ひかり》のひろがりに催されて、今日この私たらしめられたと帰服する。それを帰命《きみよう》無量寿無量光如来、南無阿弥陀仏といわれます。

「弥陀たのむ」です。

大切なのは価値に非ず

ギリシャ説話［ディオゲネスとアレキサンダー］

紀元前三世紀、古代ギリシアに一風変わった哲人で、ディオゲネスという人がいました。住家を持たず、いつも空き樽をころがして放浪の旅をつづけ、その樽の中で寝泊まりし、雨露をしのいで暮らしていました。

ある時、ディオゲネスの住むコリントスを、天下を平定したアレキサンダー大王が訪れました。そこに有名な哲人のディオゲネスがいると聞いた大王は、自らわざわざ王宮から出て、この変人哲学者を訪ねたのです。路ばたの陽溜まりで、樽の中から顔だけ出しているディオゲネスに向かって、大王はいいました。

「あなたのような偉大な人がわが国にいることは、国の誇りです。どんな褒美《ほうび》でも、喜んで国家から贈りましょう。位階勲等、お金、家屋敷、学校や弟子たち。どんなものでも、あなたの一番望んでいるものを、遠慮なくいってください。この国は敬意とともにご希望を満たしてさしあげます」

と、最大級の誉め言葉で申し出ました。

すると、ディオゲネスは、樽の中から蓑虫《みのむし》みたいに鬚面《ひげづら》を出して、大王を仰ぎ見ながら、

「遠慮なくいえといわれるなら、今、この私が一番望んでいることは」

「それは何ですか」

「今ここで大王さまが私の前に立っている、その場を退《の》いてほしい。なぜなら、あなたのせいで、せっかくの陽《ひ》の光が日陰になってしまっているから」

といった、と伝わります。これには天下の大王も二の句がつげませんでしたと。

この話、アレキサンダー大王の考えている、国家の偉人に対する褒美と、樽の

哲人ディオゲネスの願望とは、およそかけ距《へだ》たったひらきがあるということです。大王の考えている値打ちは、他の誰もがめったに手に入れることのできない、比較の上に立ったものです。が、哲人の願いは、誰でもいつでもどこでも手に入れられるけれど、今ここでの自分にはかけがえのないものです。前者を価値といい、後者を意義とでもいいましょうか。

価値とは、よく希少価値といわれるように、他の誰もがたやすく持てない、他と比較して値打ちのあるものです。ダイヤモンドとか、勲章とか、名声、肩書、莫大な財産など、誰もが持っていないから値打ちがある。

それに比べて、水とか空気とか太陽の光、木々の緑、そよぐ風など、いつでもどこでも誰もが持っている、ありふれたものは、無価値なんだけれど、その時その人にとっては、大切な貴重な、何ものにもかえがたいものだということがあります。

人間にとって真に大切なものは、実は価値でなく、意義なんです。

こんな話があります。

京都大学の故・西谷啓治教授（文化功労者）が、戦後間もない頃、昭和天皇に、宗教について御進講されたときの話です。

ある人が、これまで住んでいた古家を改築するのに、庭の大きな柿の木が邪魔になるので、伐《き》り倒すことになったけれど、どうも伐るにしのびないものがある。それは、あの暗い苦しい戦争の時代、食糧が乏しく、甘いものに皆が飢えていた。ところがこの人の家だけは、柿の木のおかげで、秋の実りの季節ばかりか、干し柿にして年中、家族は甘味を満たした。その恩義を忘れて、今、家を建てるのに邪魔だからといって伐るのは、何か申しわけない。しかし、伐らないと家が建たない、というので、「どうしたら心が済むか」と悩んで相談した結果、その柿の木を伐り倒した残材で、観音さまの像を彫ってもらって、床の間に置いた。それで気が楽になった、という話をされた。

教授はその後に、哲学者マルティン・ブーバーの言葉を引いて、柿の木を単に、「もの」として、私《イッヒ》とそれ《エス》（物）という間柄ではなく、私にとって柿の木は、

「あなた《デュー》」と呼ばずにおれない間柄だ、という受けとめ、これが人間らしい心、宗教心として大切なのです、と話を結ばれたそうです。

人間にとって、価値追求でなしに、意義を汲みとり、意義を感じる感性が大切だと学ばされます。

「創価」という価値創造をことととする宗教グループもあるようですが、価値に立てば、いつも周りと、他と比較し、どっちが上か下か、勝ち負けか、得か損か、競い争う傾向がついてまわります。勢い、他を讒謗《ざんぼう》し、攻撃せずにおられません。価値の世界、そこでは安らぎも、和みもかき消されます。価値は相対有限、意義が絶対無限。

今日、世を覆う唯物的、打算的、合理計算の世界の申し子が、この「価値」偏重でないかと、嘆息させられます。

第四章 狭い価値観にとらわれていませんか

出来心って何だ

落語［花色木綿（出来心）］

「どうも手前《てめえ》はいつもドジばかりふんでやがって、泥棒にゃ向いてねえな。もっと心を入れかえて、まじめに精出さなきゃこの道で出世はできねえぞ。大きな仕事でなしに、まず空《あ》き巣にでも入れ。万一、仕事中、家の者が戻ったりした時は、長らく失業して家には六十五になる病気の年寄りと、七つを頭《かしら》に三人の子がいて、医者はおろか食事にも事欠くしまつ。悪いと知りつつ、貧《ひん》の盗みの出来心《できごころ》で、つい……とか何とかあわれっぽく、涙の一つもこぼして泣きを入れてみろ。出来心なら、と許して、銭《ぜに》の少しもくれるかもしれねえ。いってこい」

「へえ。──何だか汚《きた》ねえ長屋へきちまったな。留守はいいが、空《から》っぽで何もねえ。褌《ふんどし》一本干《ほ》してあらぁ。七輪の土鍋《どなべ》に雑炊《おじや》がたいてある。ちょいといただくとするか。……あ、いけねえ。戻ってきやがった。この踏み板をあげて、縁の下へ潜《もぐ》っちまえ」

「や、土足《どそく》の跡があって、褌がねえし雑炊も食べられた。泥棒か、間抜《まぬ》けなやつめ。おーい、大家さん。泥棒に入られた」

「へえ。よりによってお前んちに泥棒だと。世の中よくよく不景気だ。何を盗《と》られた。何、払うつもりの家賃？　そりゃまあ盗られたものはしょうがねえ。他に何か……、布団《ふとん》か。布地《ぬのじ》は何だ。裏地は」「大家さんとこと同じ」「じゃ唐草模様で裏が花色木綿《もめん》だな。他に、着物類は」「へえ、羽織一枚、黒紋付《もんつき》で、裏が花色木綿。帯も博多が一本、裏は花色木綿」「そんなものにまで花色木綿があるもんか」「それに蚊帳《かや》、裏が花色木綿」「バカ。蚊帳に裏があるか。後は」「タンスに薬缶《やかん》に、お札《さつ》、裏は花色木綿」──。

「あはははは、笑わせやがらぁ。聞いてりゃ何でも裏は花色木綿だって」「何だ何だ、お前は。縁の下から出てきて。手前《てめえ》が泥棒だな」「いえ、大家さん。私ゃ何も盗ってません。だいいち盗るものなど何もねえ。こいつのいうこと皆出まかせ」「泥棒のくせして。警察へ突き出すぞ」「申しわけありません。家にゃ六十五を頭に三人の子がいて、七つになる年寄りが病気で、失業中の身。つい貧の盗みの出来心で。こういやぁ、銭の少しもくれねえか」「何をいやあがる。出来心というんじゃや、何も盗られたわけでなし。ま、許してやらねえでもねえが。八公も八公だ。あることとないこと並べ立てて、とんでもねえやつだ」「へえ、大家さん、すまねえ。これもほんの出来心で……」

古典落語「花色木綿」、別の題で「出来心」ともいわれるそうですが、この出来心というやつ、いかにもどんな悪事をはたらいても、出来心といわれると罪が軽くなるような匙加減《さじかげん》が入りそうです。字引きをひくと、ものの弾《はず》み（その場のなりゆきやことの勢い）で、ふと起こった悪い考えや思い、とあります。殺人事件でも、凶器を用意したり、計画を立てたりしたのと、争いが嵩《こう》じて思わずカッとなって殺してしまったような時とは区別して、情状酌量ということがあるようです。これも、なりゆき、その場の勢い、出来心なんでしょうか。

仏教では、人間のすること、いうこと、思うことのすべて一切、遠い、広いつながりとひろがりを背負うたなりゆきでそうなった、と受けとめます。それを業《ごう》因縁《いんねん》という。

親鸞の語録、『歎異抄』には、人を殺すということも、善人だから殺さない、悪人だから殺したとはいえない。《さるべき業縁《ごうえん》のもよおせば、いかなるふるまいもすべし》（第十三章）と、弟子との問答を引き合いに出して、明確に語られています。

そこではもう、一切の人間の業《ごう》（行為）が無限大の時間のつながり（無量寿）と空間のひろがり（無量光）から、そうなるべくしてそうなった、と、いわば出来心が極限にまで徹底されて、単なる偶然が深い必然として受けとめられるのです。

泥棒の落語を持ち出しましたが、もう一つ、法然さんのお弟子に耳四郎という盗賊がいました。法座の間、縁の下にひそんでいた耳四郎、上人《しょうにん》の話を聞いて心動かされ、弟子になりましたが、稼業の盗人《ぬすっと》から足を洗えません。信心する身が何たることかとなじられたとき、「おれが盗むんでない、阿弥陀さんがさせるんだ」といったと伝わります。

それとほぼ同じ趣意で、明治の清沢満之が「この私のすることなすことの一切は、如来の大命だ」といわれます。無量寿無量光のはたらきを、中世的擬人化《ぎじんか》表現で、阿弥陀如来の命令なんだ、という。その絶筆『我信念《わがしんねん》』でも、「私は善悪邪正かどうか価値判断する必要はない。何でも自分の思いのまま、したいままに、何をやっても差し支えない。それが過失でも罪悪でも、少しも気にせんでいい。如来が私の一切の行為につき、責任を負うてくださるから」といいます。これ、他力教の至極の機微です。

正解だけが人生か

伝承説話［まんじゅう食い］

弥生《やよい》三月はひなの季節。日本の古い土雛《つちびな》は、つい何十年か昔には日本国中いたるところに見られた素朴な庶民芸術の賜物でしたが、現在ではもうまったく見られなくなってしまいました。その全国各地の土雛は、大地の土をそのまま練《ね》って型取りし、人形に仕立てた生地《きじ》を低い温度で焼き上げ、胡粉《ごふん》をかけてその上に泥絵具で彩色したものです。

英雄豪傑の故事から風俗万態、さては十二支の禽獣まで、とりどりの楽しく美しい、何にもまして温かく愛すべき人形たちでした。その中に古くからの伝承説話から材をとった、『まんじゅう食い』という名の童形《どうぎょう》の土偶《どぐう》が、北から南まで全国に行き渡っていました。土人形発祥元といわれる京都伏見の土人形が源《みなもと》のようですが、それはこんな昔語りです。

――路地で遊んでいた童児に、大人《おとな》が、「いい子だね。おまんじゅうをあげよう。で、お前、お父さんとお母さんとどっちが好きかい」とたずねたといいます。その童《わらべ》、首をかしげながら、もらったまんじゅうを二つに割って、左右の手にもち、「おじちゃん。このまんじゅう、どっちがおいしいと思う」と問い返しました。これには賢《さか》しらな大人も返す言葉がありませんでした、と。

大人という存在は、総じて自分は思慮分別ある人間と、自負しています。その分別とは、分もわける、別もわけるという、頭脳の慮り。おもいはかりですから計算。比較計算する能力がすぐれているのが大人。その思慮分別を働かせるために、ものごとを何でもかでも二つに分けます。分けて計ります。計れば上と下、優と劣、勝と負、善と悪を決めずにいません。そしていい方をとり、悪い方を捨てます。この二つに分ける心を二心《ふたごころ》といいます。

仏教ではこの二心が、すべての人間の迷いの元であるといわれます。そして二心を二心だったと気付かされることで、一心《いっしん》に帰らされます。この一心が人間の本当の生き方、迷いを超えた生き方であり、南無の心、帰命の心ともいわれます。

現代という時代は、どちらを向いてもこの分ける知能、比べる才覚、計算という理くつで人間が硬直し、干乾《ひから》び、生彩を失っていきます。たとえば、料亭や旅館が星の数で等級付けられ、五つ星の店が繁盛し、それ以外は鼻もひっかけられません。体操でもスケートでも水泳でも点数ばかりに気を取られ、音楽という、個性と独創がいのちの世界でも、コンクールで一等賞二等賞といったランク付けで評価が決まります。

知らず知らずのうちに落ち込み、執《と》らわれている〝二心〟に立つ私たちの生き方。分けて、計って、比べて、取捨する価値観。これで私たちはがんじがらめにされてしまっているんでないですか。

一番おそろしいのが、今の学校教育でないですか。人間の能力を数字で評価して、順位をつけて判定してしまう。私はわが子や孫だけは、現在の教育制度の中での能力評価システムの枠から、はずしてもらいたいと切に思うんです。すくすく育つ子ども心を、むしばみ、へし曲げること夥《おびただ》しいのが、この〝二心〟価値観です。そういう〝二心〟教育をとり払った一貫教育をしてくれる学校が、どこか仏教系の学園で出てこないかな、と願うんですが。

テレビなんかで飽《あ》くことなしにつづけられている○×《まるばつ》式の正解クイズ。あれなんかも〝二心〟発想の象徴でないですか。

二十歳代に強迫神経症で、目指した国家試験も、将来への夢も希望も、乙女らしい恋も皆奪われたMさんが、その失った貴重な人生の空白を、どう埋め合わせ容認できるか。これはもう病気治療の問題でなく、宗教問題です。

いろんな宗教をめぐって、明治の念仏者、清沢満之の言葉――《何が善か悪か、何が幸か不幸か、何が真理か非真理か、一つもわかるものでない。だから成功も失敗も、皆ことごとくこれを如来に信頼して任せるだけでよい。これが私の正信《しょうしん》念仏》の一文から、「人生に正解なし」とうなずけた。そのとたん、思わずニコリと微笑《ほほえ》むことができた、といいます。

長い長い今日までの歩みを、「正解だけが人生だ。正解は何か、どこに……」と、肩ひじ張ってがんばって、それが病いも加わり、満たされぬままの今日までの徒労を、「人生に正解なし」と、ドンと肩をたたかれ、目を開かされたとたん、楽になった、解放されたというのです。

ものごとをすべて二つに分けて、○と×で仕分けして、正解だけがまかり通り、残りははねとばされて消されてしまう。そういう現代の行き詰まりからの脱出解放が、何百年も昔の土雛人形の姿に托して、呼びかけられていたのです。道はもうずっと昔に、開いていたんです。

何が善で何が悪か

太宰治［カチカチ山］

世に語り継がれたフォークロア（民間伝承）を基に、そこから深い味わいを探る試みの、大先覚の一人に、太宰治がいます。中期の『お伽草紙』がそれです。ある文芸評論家は、この作品を太宰の全作品中、最高傑作であるばかりか、この種の再話《さいわ》文芸として、二十世紀日本文学の傑作とまで称揚しています。私自身も昭和二十年代、十代の頃に読んで、大きな感銘を受けた記憶があります。とりわけて『カチカチ山』がおもしろい。

原話は――。昔々、お爺さんがせっせと作った豆や野菜を狸に荒らされて困り果て、狸を捕まえて縛って吊るし、狸汁をつくるようお婆さんにいいつけ、畠に出ます。しかし狸は言葉巧みにお婆さんをだまして縄を解いてもらうと、杵《きね》で打ち殺し、「婆ァ汁でも食べるがいい」と逃げ失せます。

悲しみに暮れるお爺さんに同情した兎が仇討ちを約束し、狸を柴刈りに誘い出し、背中の柴にカチカチと火打ち石で火をつけ、大火傷《やけど》を負わせます。つづいて薬売りを装った兎が、狸の火傷の傷口に唐辛子《とうがらし》の膏薬を塗って、七転八倒苦しませ、あげく巧みに狸を誘い出して、自分は木の舟、狸には泥の舟を当てがって、湖に乗り出し、溶けて崩れる舟もろとも、櫂《かい》でたたいて狸を水底に沈めてしまう、という昔話通例の勧善懲悪、善玉の兎と悪玉の狸の仇討ち話です。

作者太宰は、兎を、華奢《きゃしゃ》でかわいくてきかぬ気の、月の女神アルテミスみたいな十六歳の処女になぞらえ、狸を、中年の猥雑醜陋《しゅうろう》な俗物で、因果なことに気まな美しい兎の少女に、首ったけ惚《ほ》れこんだ男に見立てています。そしてあれこれ巧言《こうげん》令色を弄《ろう》して兎にとり入り、歓心を買おうとしますが、いつもこっぴどく肘《ひじ》鉄砲の食わされ通し。ついには泥舟に乗せられ、湖の藻屑となり果てる。その波間に溺《おぼ》れ沈んでいく断末魔に、狸は勝ち誇る兎に向かって、「おれはお前にどんな悪いことをしたのだ。惚れたが悪いか」と叫んで、湖底に沈みます。兎は顔を拭き、「おお、ひどい汗」とつぶやく。

この辺り、さすが文豪太宰先生、実に凄《すご》い台詞《せりふ》だと思いませんか。お子様向けのおとぎ話が、まことに陰影ふかい文芸作品にまで昇華されています。

まったくのところ、狸のいう通り、惚れたが悪いか、です。惚れたはれたの色恋沙汰ばかりでない。人事百般すべてが「惚れたが悪いか」におさまらぬものなし。木を伐り草を払って禽獣の棲《す》みかを奪い、勝手に米穀蔬菜《そさい》を耕作するのが悪いか。それなら毎夜畠を荒らして豆や芋を食べにくる狸が悪いか。それを憎んで捕えて狸汁にするのが悪いか。殺される寸前、お婆さんをだまして殺して逃げのびるのが悪いか。

こうたたみかけていくと、爺さん婆さんも狸も兎も一列に生死存亡を賭《か》けた苛烈な生存競争《サバイバル》のただ中に身を置く者同士。いずれもいずれ、善悪正邪を超えて、是非もない次第としかいいようもありません。それを狸は、末期《まつご》の一言「惚れたが悪いか」に托していい残しているんです。場面転々、お爺さんへの義侠心に燃える兎がとどめを刺した瞬間、身ぶるい一つ、「おお、ひどい汗」と袖を振るって、漣《さざなみ》立つ水面に棹《さお》をさす。まるでお芝居の『四谷怪談』、お岩殺しの伊右衛門もどきの冷酷非情さを、作者は可憐な兎の上に見据《す》えます。何が善で何が悪か、読者はハタと口をつぐまされます。

アンドレ・ジイドが、十九世紀から二十世紀に入って近代文芸は、それ以前の人間像を大きく変革した、といっています。近代以前の文芸では、登場人物は、ひたすらに悪になる悪人、ひたすらに恋する恋人たち、ひらすらに聖なる聖者ばかりが描かれたが、近代になって、善良であると同時に悪玉でもある主人公、貞淑なと同時に淫蕩な女主人公、清廉でありつつ猥雑でもある人物たちが登場するようになった、というんです。それだけ人間解釈が、精密にリアルになったといえるんでしょう。

西欧文芸ではやっと二百年ほど前からこうした人間把握にたどりついたんですが、宗教、とりわけ日本仏教は、たとえば千三百年前、聖徳太子は《我れ必ずしも聖にあらず。かれ必ずしも愚にあらず、共に是れ凡夫のみ。是非の理、誰かよく定むべけんや、……》(『十七条憲法第十条』)といい、八百年前、親鸞は《善悪のふたつ総じてもって存知せざるなり》《さるべき業縁《ごうえん》のもよおせば、いかなるふるまいもすべし》(『歎異抄』)と語って、人間(私)にそなわった玉虫色なる心性を、あやまたずとらえています。事の遅速《ちそく》を競う必要はありませんが、文芸も宗教も人間観察を徹底するところおのずからして、一つところに帰結せずにいないことがうなずかされます。

問うは実の母か継母か

グリム童話［白雪姫］

先の24頁でグリム童話『白雪姫』を取り上げたら、一つの問題が出ました。それは物語のあらましを紹介する中で「鏡よ。世界一美しい女性《ひと》は誰？」「それはお城のお妃《きさき》。あなたです」と、くり返されていたのが、「あなたより千倍も美しい人がいる。それはお城の白雪姫」と鏡から答えられて、お妃は妬《ねた》ましさと憎しみから、産みのわが子を三度までも殺そうとします。これは、ごく最近、普及版五冊本も完結したばかりの白水社刊『初版グリム童話集』によったものです。

すると、私の友人の一人が「いくら自尊心の強い母親でも、実の自分の娘に手をかけて殺すというのは、ひどいんじゃないか」と首をひねり出しました。たちまち共鳴者、共感者が増えました。「ちょっとついていけないよ。継母《ままはは》というのならともかく……」「誤植か何かでないの」というのです。

そこで、もう一度、初版本の解説を読むうち、第二版以降は、実の母から継母という関係に改訂されている旨が記されていたのです。

「やっぱりな。継母ならちゃんと話が通るよ。抵抗なく読める」「実の母では不評で、二版から改めたんだろうね」

実の母だと抵抗感があるけれど、継母だったらあり得る話。そして継母のお妃は悪人中の悪人。可憐な白雪姫の運命は一層、危機感と悲劇性が際立ってくる。お話がより完好な形に整うのでしょうね。

でも、それでことは一件落着といえるのか、どうか。実の子というとき切実感が身近だけれど、継母と限定してしまうと、この私との距離感、切実感がまるで遠のいてしまう。〝世間によくある話〟〝そのくらいのことやりかねないのが継母〟といった、痛くも痒くもない他人事になりかねません。

こうして私たちは往々にして、どんな話でも、より高見の見物、弥次馬の立場にずれ込もうとします。

実の産みの親でも、ことと次第では、わが子を自らの欲望の満足のために餌食《えじき》にし、むごたらしく犠牲にしてしまいかねないものが実は、この私の心の奥にも、ひそんでいるのでないか。

私は親鸞という人はそこまで自分自身をはずすことなく、他人事でなく、わがこととして、自らを見据えつくしていった人だったと思うんです。親鸞の『愚禿《ぐとく》悲歎述懐和讃《ひたんじゅっかいわさん》』に「血縁の親子といった最小限の愛すら持ち合わせぬ私。そのくせ、人から一番とほめはやされたい、名利《みょうり》の心でいっぱいです」(取意)とあります。

親鸞がグリム童話の作者だったら、きっぱり出版社のソロバン心や読者の評判のために、実の親を継母に仕立て直すような妥協は拒まれただろうと思います。

実子と継母でおもしろい日本の名裁判が伝わっています。ご存じ大岡越前の話。

幼い一人の子を間にして、二人の母親が「実のわが子」と主張して譲りません。が、証拠の立てようがない。困り果てるのを見て大岡越前、二人の母にこう申しつけました。

「この子の片手ずつをつかんで、力の限り引き寄せよ。最後にその子をわが手に納めたものを実の母と決める」と。二人の母は手ぐすねひいてわが子一人を力の限り引っ張ります。「痛いよう」と泣きわめく幼子《おさなご》。むごい光景に目をそむける周りの人たちを背に、とうとう一人の母が子の腕を手離して「これ以上お前の泣き叫ぶ姿を見るに忍びない」と、泣き崩れました。その時、大岡様は「実の母、偽の母、これにて真贋《しんがん》合い決した。手を放した母こそ、実の母に相違ない」と。

話が違うと不満顔の母に向かい、「いくら力ずくとは申せ、いま血を分けたわが子がかくまで苦しみ嘆くのを、実の母なら見るに忍びない。それが真の親心。相わかったか」と、みごとな決着ぶりです。

この話は説得力があります。大岡様のいう通り、これが実の母ならこその愛、母心でしょう。

でも、と私はひっかかります。この裁判を二度三度くり返したらどうでしょう。もうおたがい皆はじめから計算し、かけひきしてたくらみます。大岡様の名裁きは一回だけは通用するが二度三度、いつでも、どこでも、誰でもというわけにいきません。

もう一つ、忘れられぬこんな話があります。高野山で修行し、念仏門で落ち着いた真宗詩人、木村無相さんが、各派の修行者の集まった時、「パン一個しかない。これを食べぬと自分が死ぬが、どうするか」と問いが出た。「私が死んでも誰かに食べさせる」「私が食べた方が、仏法の弘通《ぐずう》に役立つなら、私が食べる」などの中、木村さんは「たとえ人に食べさせるのが正しいとしても、自分が生き延《の》びたいから、自分一人で食べる」というと、周りが皆「それは違う」という。

このうちのどれが正しいのかでなく、あなた一人《いちにん》は、三つのうちの誰ですかが、問われているのです。

親をそしるは五逆の者

モーパッサン［老人］

フランス十九世紀の作家モーパッサン（一八五〇―一八九三）を、若い頃よく愛読したものです。短篇小説で簡明な語り口、ユーモア精神のあふれる中に、警抜痛烈な諷刺がこめられ、極上の小説のおもしろさを堪能させてくれます。

私はよく日本の古典落語を取り上げていますが、古典にくらべて底の浅い新作落語に手間隙かけるより、いっそ翻訳落語なんか工夫して板にのせるのも、新分野を拓《ひら》くんでないか、さしずめこのモーパッサンの作品など、格好の素材です。

その一つ『老人』――。

村の農夫シコどん夫婦の家のじいさんが、臨終を迎えていました。二人は寝床の老人をのぞきこみ、

「どんなあんべえだ」

「坊さんがいわれるにゃ、今夜まで持つめえと」

「油菜《あぶらな》の植え替えで忙しいというに、何とか今週中に葬式と埋葬を片付けてえもんだ」

――夫婦は手分けして畑のリンゴの実をもいで、弔問客をもてなすリンゴ饅頭《まんじゅう》五十個を作り、用意しました。

が、夜更けても老父は、喉をゴロゴロ鳴らしつづけるばかり。

「それでも明日一日は持つめえよ。明日は村の皆に触れて回るべ。葬式は土曜日だと」

――翌日、医者や役場でとむらいの打ち合わせをして、村中に触れ回り、準備万端整いましたが、その夕刻になっても老人は、困り果てた息子夫婦を尻目に喉

をゴロゴロ鳴らして生きていました。

その翌朝、〝弔問客〟がやってきました。まだ存命中と聞いて驚く村人に、

「まあ、リンゴ饅頭でも食べてくろ。リンゴ酒もあるでよ」

――集まるだけの村人が集まり、酒盛りになって笑いと歓声が丸一日つづいて、皆、瀕死の老人そっちのけで盛り上がっている最中、枕許で見舞《みま》っていた近所の老婆が、

「おっ死《ち》んだよう」と叫ぶ声に、皆がハッと静まりかえりました。

やがて、シコどん夫婦、

「まったく、夕《ゆう》べのうちに死んどってくれたらよかったに。埋葬は月曜日になるべ」

「もう一ぺん饅頭作らにゃ」

「いや。こんなこたあ、そういつもあることじゃねえわさ」

年老いた親の死を、家族はどう見守り、受けとめるのか。今日、私たちの周り

にも、笑えない深刻な問題がつきつけられています。とりわけ認知症や寝たきりになった老人の介護、暮らしを共にすることの悩み、苦しみ、重みは課題が多いことです。

仏教では、五逆《ごぎゃく》の罪といわれます。およそ人としてあるまじき非人間的重罪五つ。父を殺し、母を殺し、求道者を殺し、道を求める人たちの和合を乱《みだ》し破る、仏の身から血を流すという五つ。その代表として誰にでも当てはまる項目が親殺しです。

「そんな大《だい》それた、親を殺すなんてめっそうな。私とは関係ない」と、誰しも一瞬そう思いますが、どうでしょうか。

親鸞さんは手紙で、

「親をそしる者をば、五逆の者と申すなり」といわれ、実際にわが手にかけなくても、親を邪魔者扱いし、馬鹿にしたりして軽んじうとんじるならば、歴《れっき》とした親殺し（刃物で一息に刺すよりむごいともいえる）の該当者なのだ、とされます。

他力信心へ入信（回心《えしん》）のきっかけにはいろいろあろうが、親不孝者＝親殺しの自覚が、一番普遍、共通の契機だと聞かされました。

うちのお寺の聞法会でのOさんの告白。

長患《わずら》いの末に入院し、臨死状態をつづける老父に、連日、高額の延命の注射がくり返される。その治療代がもろに家計を圧迫する。日一日と延びるだけ、負担が重くのしかかる。

「あいすまんことですが、どうせたすからんものなら、早う死んでほしいと、心中ひそかに願わずにおられませんでした。本当に親殺しの私でした」と、目を伏せ、頭を垂れられました。

でも一座のうち誰一人として、そのOさんをとがめ、うとんじる空気はありませんでした。

「あなた一人のことでない。この私だって同じ条件、立場に立ったら同じことを思うだろう。あなたを責め裁く資格はこの私にはない」といった、許し合い、謝り合い、わかり合いの世界が、そこに波紋を広げていったものです。

死んでいく恩愛ある親への哀悼惜慕の念よりも、生きつづけるわが身の瑣末《さまつ》な目先の都合の方が、どうしても先に立つのが、私たちの凡情なのです。

まさしく五逆なる我。そんな者がいくら口をぬぐって白々《しらじら》しく称名《しょうみょう》念仏したって、救いから唯除《ただのぞ》かれるのは当然のことです。そういうわが身の重き咎《とが》の程《ほど》を、法に照らされ認受し、頭下がるところにだけ、「十方一切の衆生《しゅじょう》皆漏《も》れず往生すべし」（親鸞『尊号真像銘文《めいもん》』冒頭）といわれているのです。

かりそめの作り物でなく

舞台劇［天正戦暦姥架橋］

わが子に先立たれた母親の悲しみ。戦争で愛《いと》し児《ご》を喪《うしな》った一人の母の、底知れぬ悲しみ、苦しみの歳月から、心ひるがえし深まって、いのちのつながり、ひろがりに目覚めた話です。

テレビの連続ドラマなどでよく舞台になる戦国時代。天正十八（一五九〇）年、豊臣秀吉の小田原攻めの軍営に参じた十八歳の若者、堀尾金助が、戦争が終わってもわが家へ帰らない。愛し子の帰りを待ち侘びる母の、愛執と悲歎とが綯《な》いあわさった涙の三十三年。

「今はもはや……」と思い諦めて、母は息子の不帰の悲しみを、世のため人のために振り向けようと、かつての日、武功を立て出世を夢みながら勇んで出陣していったわが子の姿が重なる、東海道熱田《あつた》の宮の宿場に接する精進川《しょうじんがわ》に、私財を投じて木の橋を掛け渡し、裁断橋と名づけて、なき子を悼《いた》む仏縁に触れてほしいと、橋の欄干《らんかん》の擬宝珠《ぎぼし》に、こんな銘文を刻みました。

《てんしゃう十八ねん二月十八日、おだはらへの御ぢん、ほりをきん助と申す十八になりたる子をたゝせてより、又《また》ふたためとも見ざるかなしさのあまりに、いま此《この》はしをかける事、はゝの身にはらくるいともなり、そくしんじゃうぶつし給へ……此《こ》のかきつけを見る人念仏申給へや、三十三年のくやう也》

橋の由来を簡潔に語った末尾に、私的な愛執をひるがえし超えた、老いたる母の、ひろく公《おおやけ》に目をひらかしめられた志願、強い祈りがこめられています。古今を通じての名文章と、喧伝されています。

これは、かりそめの作り話でなく、事実談として今も、この銘文を刻みこんだ擬宝珠は、川が埋め立てられた跡の旧街道添いの祠堂《しどう》境内に保存されています。この話を舞台劇に仕立てて、先年、劇団前進座で『天正戦暦姥架橋《うばがかけはし》』として、上演されたこともありました。

四百年余りも昔の、涙なしには聞かれないこの悲話に通じる、戦争でわが子を失った親の、悲歎の底から、より深い、広い目覚めをとげる話が、他にもなかったかと、思い合わせ思い返しているうちに、かつてこんな取材記事を書かせてもらったのを、思い起こしました。

それは鹿児島県のはるか北西、東シナ海に浮かぶ甑島《こしきじま》で、戦中戦後、小学校教員をしてらした橋口泉さん。昭和十年代の日中戦争から、世界を相手に戦争して敗《やぶ》れた昭和期前半の日本。橋口さんは島の小学校の先生をしながら、当時の国策に添って、多くの教え子を戦場へ送り出しました。

「お国のため、名誉なこと。りっぱにいのちをささげてこい。いさぎよく護国の華《はな》と散れ。皇国日本が大陸躍進する晴れのご奉公だ」と煽《あお》り立てて、「おれ、行きとうない」とためらい、尻ごみするのを、「何いうとるか。日本男児のほまれだぞ」とそそのかして、殺し殺されに島の卒業生の教え子たちを送りこんだ、といいます。戦場ばかりでなく、十代の少年たちを満蒙開拓青少年義勇軍に加わらせた。そのうちの何人かが、ついに島へ戻ってくることがなかったという。

敗戦後、教育者としての責任を痛感し、いくら謝っても謝り切れない自責を胸に抱きつづけて四十五年。定年退職後、島のお寺で仏法を聴聞する機縁にめぐまれました。そこで親鸞さんの手紙から、

「自分にこだわり、計算ずくで、さもいい子のようになりすまして念仏する。それはひとりよがりの見せかけだけの自力念仏。他力の念仏とは、凡夫の私は丸ごと煩悩具足の身だから、自分とは愚かで悪い者と心定めねばならぬ」と聞かされ、わが身に当てはめ味わされました。

とりつくろい抜き、造作にかまわず、人からとがめられれば言い訳はせず、「悪かった。ごめんなさい」と頭下げていく。「われは善き者」でなく、「われは悪しき者」に立て、と聞きとりました。

そこから橋口さんは、島に住む同年配の老人たちに呼びかけて、戦争体験を語り綴る手作りの文集『語り継ぐ戦争の真実』を、毎年編みつづけてきました。書けない人は口述筆記で補い、何集目にも号を重ねて、戦争を知らぬ島出身の若者たちに、心の橋を架《か》けつづけてきました。

二度と再び自分たちが、戦争という人間としての恐ろしい反逆の所業に迷いこまないための〝裁断の橋〟を、こんな形で橋口さんは架けつづけたのです。

文集には、こんな日本列島西南端の、豆粒よりも小さな島に、敵軍の飛行機グラマンが何度も飛んできて、小学校を砦《とりで》とまちがえたのか、機銃掃射を受け、負傷して腕を切断、一生身障者なおかつ独身で過ごした女性も、体験を寄せました。機銃弾を浴びて血を吐き、舌を出して倒れた主婦、防空壕で親子抱き合って黒焦げになった死体のことも、生々しく記されていたそうです。

第五章 死ぬことを怖がっていませんか

運命はわかるか

能〔邯鄲〕

二千三、四百年ほど昔、中国の戦国時代、北方に趙《ちょう》という国があって、その都が邯鄲《かんたん》という街《まち》でした。当時、経済と文化の中心地として、後世の漢の時代まで栄えていたといわれます。

その邯鄲の都に一軒の旅籠《はたご》があり、そこの女主人が、以前に泊まった仙人から一宿《いっしゅく》の礼に、と不思議な枕をもらい受けました。この枕で眠ると、夢の中で過去から未来にかけて、何もかもが体験予見できる、というのです。

あるとき、田舎《いなか》から盧生《ろせい》という若者が、立身栄達を求めて都を目指し、この宿に泊まり、例の枕を借りてしばらく横になりました。女主人が、粟《あわ》のご飯を炊こうと準備する間に、旅の疲れで盧生は、ついまどろんでしまいます。

ふと盧生の体が揺さぶられ目醒めると、見知らぬ使者から、

「あなたは楚《そ》の国の帝《みかど》の御位《みくらい》に立つ方なのです。お迎えに上がりました」と、そのまま従者たちの美々《びび》しい行列につき添われ、輿《こし》に乗せられ、連れていかれたのが、目もくらむような宮殿の中。たくさんの廷臣に奉仕され、美しい衣服や調度に身を飾り、おいしいご馳走《ちそう》に舌鼓《したつづみ》をうち、美しい侍女たちにかしずかれ、饗宴を催し、山海へ旅をし、なに不足なく暮らす宮中生活。

おもしろおかしく毎日を過ごして幾春秋。たちまち五十年が経ってしまった。今の盧生には数々の栄華にも飽き疲れて、何よりもまずひと眠り、とまどろんだところ、ふと揺り起こされて目を醒ませば、邯鄲の旅篭の女主人が、

「お客さん。粟のご飯が炊けましたよ」

と呼んでいます。

「え。粟のご飯だって。じゃ、ついさっきまでの五十年の栄耀栄華《えいようえいが》の歳月は、粟のご飯が炊ける間の、夢の間のことだったのか」と若者は、「長命も栄光も、過ぎてみればひと眠りの夢のできごとと変わらぬものだった」と、空《むな》しさをうなずかされて、翻然と踵《きびす》をかえして故郷に戻っていきました――。

これは謡曲でも有名な「邯鄲」という話で、昭和の作家、三島由紀夫の『近代能楽集』にも、筆頭でとりあげられている名作ですが、元は中国の『枕中記《ちんちゅうき》』にある説話が『太平記』に紹介され、それを能に仕立てたのは世阿弥《ぜあみ》ともいわれます。「邯鄲の夢」とも、「黄粱一炊《こうりょういっすい》の夢」などとも称されます。

フランスのジャン・コクトオが翻案上演を企画したこともあるそうです。ほかには、江戸時代の大人向け絵本で『金々先生栄花夢《きんきんせんせいえいがのゆめ》』として恋川春町《こいかわはるまち》作に換骨奪胎《かんこつだったい》され、大当たりをとり、黄表紙《きびょうし》本の魁《さきがけ》になったといわれます。

とにかく、夢の中で自分の行く末、将来を実体験予見してしまう、という発想は奇抜で、深刻でもあります。これから先の自分の人生が丸々わかってしまったら、盧生みたいに、一切の希望も立志も野心もはかなく立ち消え、誰もが故郷へ帰ってしまうんでしょうか。

そもそも人間の一生とは、どこかで誰かの手で、あらかじめ決定され、運命づけられているものなのか。


仏教では、人間の生死や栄枯盛衰、吉凶禍福を支配する天上の帝《みかど》とか運命の女《め》神《がみ》とかいうようなものは、一切立てません。釈尊のおさとりの縁起の道理、そこから全人生は「業《ごう》」から成り立つと受けとめます。

およそ人間のすることとは、一歩先《さき》は自分で自由に決めます。今夜の夕食は自宅か、外食か、和食か、洋食か。「久しぶりに中華にしよう」、選択は自由です。が、決まった瞬間、後から見れば単なる気まぐれ、偶然でなく、中華料理を選ばずにおられなかった、抜きさしならぬ必然の条件背景、重々無尽《じゅうじゅうむじん》(重なりあい、重なりあって尽きることない)の因縁が働いていたことを、認めざるを得ません。すべてにおいて、することは自由です。が、したことは動かしがたく必然です。その積み重ねが、いわば私たちの人生を形づくっていくのです。

夢の中で自分のこれからを全部かいま見たにしろ、夢の中の通りにしかならないとは決まりません。その時々の条件次第で、自分が自由に選んで決めるのですから。一回の食事をどこで何を食べるのかも、そこへ行くのに歩いていくか、車か、誰と行くか、帰りにどこかに立ち寄るか、いつまでそこに止《とど》まるか……、たった一晩の私の行動だけでも、どれだけ無数に次々に選択し、取捨し、決断していることか。みんな〝わが業〟です。

自分で選んで決めた以上、責任はみんな自分にあります。縁起の法・道理は一切について、自分が責任をとるのです。と同時に、それは天地宇宙一切のはたらきから、そうせしめられた必然でもあるのです。

「業」とは、そういう〝自由〟と〝必然〟との表裏一体に総合された責任感なんです。

ダメでもともと

説経節［山椒太夫］／森鷗外［山椒大夫］

姉の安寿《あんじゅ》が十四歳、弟の厨子王《ずしおう》は十二歳。母と乳母に従って、十二年前に左遷《させん》されて、筑紫に向かったまま消息不明の父を尋ねた旅の途中、越後直江の浦から船に乗りました。道すがら二隻の小舟に大人二人と、子ども二人に分けられて、東と西に離ればなれ。母たちの舟は佐渡へと聞いたばかりで、子ども二人は、丹後の由良《ゆら》の港で、分限者山椒太夫《さんしょうだゆう》に売り渡されてしまいました。人さらいの難に遭う――今でいう拉致《らち》です。

姉と弟は、潮汲みと柴刈りの労役にこき使われ、怠けたり、反抗すれば、むごい責め折檻《せっかん》で傷めつけられました。二人とも額《ひたい》に、焼け火箸で十文字の烙印を押されましたが、懐中していた地蔵菩薩の守り本尊を押しあてると、傷も痛みも癒されました。

冬が過ぎ、春になったある日、姉は弟を従えて、仕事場から離れて、丘の上に登り、辺りの山や田畠やうねって流れる川を見渡しながらいいました。

「お前一人、地蔵さまを懐《ふところ》に抱いて、川上の塔が見えるお寺へ逃げておくれ。運を天に任せ、お寺の坊さまに助けを求めなさい。開く運があれば助けてもらえよう。そして都へ上って筑紫の父さま、佐渡の母さまに逢っておくれ。運がついてまわればまた私も迎えに来《こ》れましょう」

「お姉さんはどうなるの」

「金で買った奴僕《ぬぼく》を、むやみに殺しはしますまい。お前の分まで私が働きますから、後は運次第。そうしておくれ」

厨子王は姉のいい付け通り逃げました。後刻、山椒太夫の手の者が追手をさし向けたとき、近くの沼の岸に、安寿の藁草履《わらぞうり》が見つかっただけでした。

無事、寺にかくまわれた厨子王は、剃髪させられ、都の清水寺《きよみずでら》に移り、そこの篭堂《こもり》で、娘の病平癒を祈願していた関白師実《もろざね》公に出逢い、懐中本尊の地蔵尊で病がたちまち本復した機縁から、還俗《げんぞく》して次第に取り立てられて、丹後の国守《くにのかみ》にまでなりました。赴任して直ちに人買いの悪習を厳禁し、一方、自ら佐渡まで身を運び、母を探したあげく、とある農家の庭で老いた盲女が、筵《むしろ》の穀物から鳥を追いながら歌う、「安寿恋しや、ほうやれほ。厨子王恋しや、ほうやれほ」の呟きが耳にとどき、二人はひしと抱き合いました。

——安寿と厨子王の物語です。

とりわけ、森鷗外の格調ある名文で綴られた『山椒大夫』は、おなじみです。

鷗外はこの物語を、地蔵尊の霊験あらたかな奇瑞奇蹟として強調せず、「運に任せて、善い人に出逢えば運が開けよう。何事も運験《だめ》し」と安寿に語らせます。

運任せとは、運ばれるに任せてということ。因と縁のつながりあい、ひろがりやまぬ組み合わせ、めぐり合わせ。いわゆる縁起の道理の働きのままに、おのずから然《しか》らしめられるままに任せた上で、せいいっぱいやれるだけのことは尽くしていく、という意《こころ》です。それをお釈迦さまは因縁生起《いんねんしょうき》のままにといわれ、浄土教では自然法爾《じねんほうに》のままにといわれます。明治の清沢満之も、《任運《にんぬん》に法爾に、此の現前の境遇に落在する》といわれます。

「これまでは恐ろしい人ばかりに出逢ったが、もし善い人に出逢いさえすれば、運は開きます」と安寿は弟を諭《さと》しました。そこには言外に、「また逆に悪い人に出逢えば、運は閉じることも覚悟しなければなりません」という反面も併せ包んでそういうのでしょう。そこに仏法から呼びかけられる「よい時ばかりとは限らない。悪く運ばれる時もある。それを計算し、当てことしない。選り好みしない。任せた上で、力を尽くすのだ」との意も含まれているのです。

私たちの聞法仲間で、名古屋市の西郊大治町に近藤金安さんがいます。戦争末期予科練で軍隊志願。呉の軍港で敗戦を迎え、これまでの目標実績はゼロになった。戦後、木工の職を身につけ、結婚し自立。五年後連れ合いと死別、また振り出しへ。自宅を新築して再婚。その二年後に伊勢湾台風で大破。そんなこんなの連続からお寺で聞法し始めたという。

近藤さんがその聞法で得たのがこの座右の銘。「いかなんでもともと（ダメでもともと）。これが自分のすわりだね、ウン。これが〝愚禿《ぐとく》〟ということかな。ところが世間一般はそうでない。うまくいくことが前提になっている。〝いかなんでもともと〟というところに立つと、いつでもニコニコしとれるで」

私はこれが自分流の南無阿弥陀仏だ、と思います。そして、安寿が厨子王にいう「運ばれるに任せて、いい人に出逢えれば運が開きます。せいいっぱい尽くすのが運験し」というのは、近藤さんの「いかなんでもともと」と、一枚の裏と表の様子を言い表しているんでしょう。

《かの人事を尽《つく》して天命に安んずる……も我は寧《むし》ろ之《これ》を天命に安んじて人事を尽《つく》すと云《い》わまく欲《ほっ》す》（清沢満之）

事実だけを見る方法

イソップ物語［狐と葡萄］

これはアイソーポス寓話集（イソップ物語）の中でも、短い話ですが、有名なものの一つです。

――ある飢えた狐が葡萄《ぶどう》棚から葡萄の房のさがっているのを見たときに、それを手に入れようと思いましたが、出来ませんでした。そこを立ち去りながら、ひとり言《ごと》をいいました。「あれはまだ熟《う》れていない」

こういうふうに、人間のうちにも、自分の力の足らないために物事をうまく運ぶことが出来ないと、時機を口実にする人々があるものです。――

（岩波文庫版『アイソーポス寓話集』新村出校閲、山本光雄訳から）

俗に「負け惜しみの減らず口」というやつです。負けを素直に認められない。こうでもいわなきゃ未練心《みれんごころ》がおさまらない。人間誰しもの執着心の投影です。

古川柳に「連《つ》れの名を振られたやつは生《しょう》で言い」というのがあります。町内の若い衆の間でも評判の小町《こまち》娘。引く手数多《あまた》ですが、そんな岡惚《おかぼ》れの野暮天《やぼてん》どもの一人、はじめのうちは「あのかわゆいおはなちゃん」なんてやにさがって、猫なで声で口にしていたのが、近頃は、「ふん、あのおはなか」と、さもあんなもの眼中になしといった態《てい》で、鼻の先で呼び捨てにしている。きっと付け文《ぶみ》でもして、体《てい》よく肘鉄《ひじてつ》を喰らわされたに違いありません。さしずめこのイソップの狐よろしくの風体《ふうてい》ですが、そんな男女間の伊達《だて》な駆け引きばかりでなく、私たちの日常でも、こんなイソップ狐まがいのやりとりが、口の端《は》に洩れることがしばしばあるんです。

こちらの言い分、提案や要望などが、相手側にとりあげられず、反対され無視されたりしたとき、最後に吐《は》く捨て台詞《ぜりふ》、「今にわかる」という一言。

ただ今ここでのこちらの思いが相手に通わないではね返されたとき、私たちは相手に向かってというより、満たされぬ自分自身に向け、ひとり言のように低くそうつぶやきます。「今にわかる」と。その心の底には、今この場でとげられなかったわが思いを、先にまで延長して何としてもとげ果たさずには納まらない執念がこもっています。何としても敗北の現実を認めたくない我見《がけん》へのとらわれ。人間の根深い迷執妄執です。

仏教は、現実を現実ありのままに受けとめる、如実知見《にょじつちけん》を呼びかけます。般若《はんにゃ》の智慧といわれる。現前の事実をあるがままに受けとめる。これが人生を渡る肝要の姿勢だ、と教えられます。

生涯在野の学匠だった安田理深《りじん》さんが晩年、隣家からの類焼で、家も蔵書もことごとく目の前で焼失してしまいました。その直後の講義に、「今度の火事で学びました。もらい火だから焼かれた、と思うと、憎しみと復讐心《ふくしゅうしん》が湧く。また、自分の力及ばぬため、むざむざ焼いたと思えば、自責でやり切れない。だが、焼かれたのでもない、焼いたのでもない、ただ焼けたのだと、事実を事実のままに受けとれば、心が軽くて楽だ、と」

私はこの話に感銘し、帰ってお寺のご住職に報告したところ、ご住職も共感されて、すぐ後の法話の折に、この話を聴衆に伝えられました。

と、そこで聴聞していた檀家の主婦Yさん。ちょうどその数日前に、市内の縁日の雑踏で、掏摸《すり》に財布《さいふ》をすりとられ、ほぼ十日分の生活費を丸々なくした、としょげていました。それが、

「そうか。掏摸になくされたと思えば掏摸が憎い。それかといって私がポカをしていて、自分のせいでなくしたと思うと自分を責めて息苦しく、暗い。けれど、なくされたんでも、なくしたんでもない。なくなったんだ、と思うことで、少し気が楽になりました」

と、表情をやわらげていました。これが如実知見の般若の智慧。

金沢の専称寺の前坊守、高光かちよさんも、最晩年、ご自坊が本堂書院庫裡《くり》ともすっかり全焼しました。見舞い客が、「どうして焼けたんですか。誰のせいでしたか」などと、何気《なにげ》なしに訊《たず》ねるのに答えて、

「何が原因か、誰の責任か、わかりません、知りません。知ろうとも思いません。それを知って、焼けた御堂が本《もと》通り戻るのならとにかく、そうでなければ詮索《せんさく》しても始まりません。ただ、お寺が焼けた、それだけです」とさっぱり語られたのが忘れられません。

たまたま火事からほんの数日後にお約束してあったインタビューの日時も、予定通り出向いてくださって、そんなお言葉をお聞かせいただいた。これも如実知見でしょう。

イソップの狐も「とれない葡萄は熟れたか熟れてないかわからないけど、ただとれなかったんだ」と、いさぎよく現前の事実を受け入れるのが、神妙なあり方なのでした。

「わかっちゃいるけど」

モーパッサン［宝石］

モーパッサンの短篇『宝石』。

パリの小役人ランタン氏は、上司の家の宴会《パーティー》で、田舎出の娘――目立たぬ清らかな美しさと絶えぬ微笑《ほほえ》み、聡明さに満ちた、誰もが理想の妻と空想するような人柄――と出逢い、一目惚れし、結婚しました。彼女は倹約家でやり繰り上手、心やりの行き届いた、それでいてかわいい甘えん坊で、夫を優しくとりもったので、六年経っても夫は新婚当初と変わらぬ首ったたけの様子でした。ただ二つの欠点を除けば。

その一つは、平役人の奥さん仲間から切符を手に入れ、三日にあげず芝居見物に通う。その付き合いをさせられるのに、ランタン氏は苦しまされた末《すえ》、「一日中勤めで疲れ果てたあげくに、夜遅くまではとてもかなわん。誰か友達といっしょに行ってくれないか」と、音《ね》をあげました。しぶる妻君をやっと納得させて、やれやれと解放されました。もう一つは、芝居小屋へ通う間に、服装趣味は前と変わらぬ質素なりでしたが、ダイヤの耳飾り《イヤリング》や大粒の真珠の首輪《ネックレス》、金メッキの腕輪《ブレスレット》、その他ガラス細工の櫛《くし》かんざしを髪につけるようになり、そうしたまがいものの宝石類で身を飾りはじめたことです。

「ピカピカして安っぽい」と、夫は頭から軽蔑して不満顔でした。

「わかってますわ。でもこれ、私の性分で、どうにもならないの。本物ならそれに越したことはないけどねぇ。でも、きれいでしょ。誰も本物と思うわ、これ」

「まるで、ジプシー趣味だよ、君は」

そんな会話がくり返されたものでした。冬の夜遅く、オペラ座から帰った彼女は、翌朝から激しく咳をし、一週間後、肺炎で亡くなってしまいました。

夫は悲しみのあまり、いっしょに墓へ入りたかったくらい、毎日泣き暮らしました。人が変わったように口少なになり、ふさぎこみ、仕事に身が入らなくなりました。それと何より家計のやりくりが、どうしてこんなにと首をかしげるほど逼迫《ひっぱく》し、借金まで出来ました。

思い出いっぱいの遺品だけれど、あのガラクタの宝石でも売って足しにしようと、大きい首飾り一つをもって、役所通いの途中、目抜き通り《ブールヴァール》の宝石店で、おずおずと目利きを頼みました。五、六フランか八フランにでもなれば、と胸算用していたランタン氏に、店員と替わって店の主人が丁重《ていちょう》な物腰で、「一万五千フランならいただきますが」との返事。驚きをからくも隠して帰った彼は、翌日、別の品を持って別の店へ行きました。

「あ、これは私どもで扱ったお品です。二万五千フランで。そう、ランタン夫人あてにお届けしましたよ。ご主人様でしたら一万八千フランでいつでも引き取らせていただきます」

それ以来、彼は毎日のようにあちこちパリ一流の宝石店を訪ねて、遺品を評価させてまわり、計二十万フランになることを知らされました。

日ならず、ランタン氏は役所に辞表を届けたその晩、最高級のワインで夕食し、心から楽しく芝居を見物、商売女と陽気に一夜を明かし、朝帰りしました。六カ月後、再婚しましたが、今度の妻君は不愛想で気難しい性分で彼を悩ましました。

いや、人生、さまざま、です。物語の枠の外にひろがる様々の展開、つながり、この夫婦ってどうなってたの？　幸福だったの？　人の幸福とはどういうことか、考えこんでしまいます。ランタン夫人がいう通り「わかっちゃいるけど、どうにもならない」ってものがあるようです。

人間、なくて七癖《ななくせ》などといいますが、男の道楽に、飲む（酒）打つ（賭博《ギャンブル》）買う（女遊び）があげられますが、女性では「京の着倒れ、大阪の食い倒れ」（諸国別に類型が多い）などといわれ、着倒れなら女性の道楽ですか。

テレビの人気番組「開運！　なんでも鑑定団」。〝お宝〟にへそくり資金をつぎこんで、妻君や息子には内緒、ないしは猛反対、蔑視されつづけてもやめられなくて、何十万何百万円を当てこむつもりが、たかだか三千円、五千円と評価され、ベソをかく図をよく見かけます。あの、宝くじ、競馬競輪等々についてまわる悲喜劇あれこれ。

「わかってるわ、でもどうしようもない性分なの」と夫人はいいました。それにしてもこの話の、表に出ないもう一つの主題。いったいあんな本物の宝石の財源を、夫人はどこでどうして操作したのか。この小説のつづきを語る寸話です。

——村の男が息ごみ駆けこみました。

「うちの女房が間男しておるのがわかった。殺してやりたいが子どものことを思うとそうもならず、どうしたらええ」

寺の住職（加賀専称寺・高光大船師）は、

「それでええがや」

「何がええだ。亭主のおれがおるというのに、不義密通しおって」

「それでええがやぞ。すんだことだ。すまなんだら自分のすむようしたがええ」

死んだ者を生き返らせる

落語［誉田屋］

京三条の裕福な旧家で、ちりめん問屋の誉田屋《ほんだや》。そこの一人娘で、世間から室町小町といわれたお花さんが、ふとした病いから明日をもしれぬ重い患い。思い残すことのないよう、食べたいものをと、糝粉餅《しんこもち》を一口《ひとくち》、二口、三口と口に含んで呑み込みきれずに顔色失《う》せて落命。生前の望みで髪は剃らず、一張羅の衣裳を着せて、懐《ふところ》ろに現金三百両を抱え、棺桶に入れて土葬しました。

お店《たな》の手代久七、「通用金を墓に埋めたとわかったら、天下の御法度《ごはっと》。いっそあれを拝借し、元手《もとで》にして商いができるなら、そうだ」と、日の暮れるなり墓を掘り返し、お花の懐中の三百両入り財布を取り出したとき、首に巻いてあった紐で身体が捻《ねじ》れ、喉のつかえが通ってお花が息を吹き返しました。

「お前、久七どんやないか。何してますの？」

「ひえっ、お嬢はん、生きてはったんどすか？」

「こんなんではもう家へ帰れへん。私を連れてどっかへ逃げて……」

二人はそのまま手に手をとって江戸へ下《くだ》り、浅草で店を借り、慣れた呉服を商って屋号も誉田屋と名付け、月日とともに繁盛し、奉公人も抱え、夫婦の間に子もできました。

一方、京の老夫婦。一人娘に先立たれ、気落ちして家業も手につかず、程なく店をたたんで、亡き娘の菩提《ぼだい》をとむらおうと、四国八十八カ所巡りや西国観音霊場巡拝の旅に歳月を過ごし、やがて東国へと足をのばして、繁華なお江戸見物をして回るうち、浅草の観音参りの道筋で、屋号も同じ誉田屋というちりめん問屋が目に入りました。懐かしさと不審さからのぞきこんでいるのを、店の奥から主人が現れ、一言、二言、語るにつれて、京都の誉田屋の老主人夫婦とわかり、「旦那様、お久しゅうございます。手代の久七でおます。お嬢はんのお花はんも元気だすえ……」

「へえ、あのお花が生きてやとは。ばばどん聞いてか。お花が達者で、孫までいてて……」と、奥の間に通され、久々の親子の対面。今日までの思いもよらぬ成り行き一部始終を語り合って、次第に夜も更《ふ》け、りっぱな座敷で暖かい絹布団にくるまった老夫婦、

「今日のこの果報に引きくらべて、ゆうべ泊まった木賃宿の布団は汚くって、ぞろぞろしらみがはいだして、寝られやせなんだがな」

「いや。それも思えば観音様（俗にしらみのことを観音という）のおかげじゃ」

――上方落語『誉田屋』です。

仮にお墓に埋葬したことから、行き違った恋人どうしが生命を落とす悲劇は、シェークスピアの『ロミオとジュリエット』ですが、これはその逆の事の運びで、

人情噺《ばなし》の名篇です。

死者がよみがえる。猟奇趣味をそそる奇談ですが、こんな話が思いあたります。石川県松任《まっとう》のある家で、高光大船さん（念仏者、清沢満之門下・北陸三羽烏の一人、金沢専称寺住職だった人）を招いて法座を開きました。その家の息子、国鉄に勤めていたが、てんから仏法に関心がなく、仏事の時は決まってズッこけていたのに、当日は非番で在宅。「災難だ」とボヤきながら大船さんの前で、「仏法をまったく知らんから、一言でわからせてくれ」と注文しました。

「よかろう。仏法とは、死んだ者を生き返らせる教えだ。どうだ、わかるか」

――うなずけるはずもない。「まさか、墓場から死体を掘り返す話でもあるまいが……」と首かしげているのに、「死んだ者とは、お前のような者のことだ」「何をいう。私は国鉄職員として働き、りっぱに俸給いただいて家族を養っている。死んだ者とは何事だ」と息まくと、「月給かせぐのは生きとることと違う。それは石炭さえ放り込んだら汽車が動くのと同じで、お前はただ動いとるだけ」といわれて、それをきっかけに、一生涯師事した、と聞きました。

仏道はまさに、死者の生き返る道です。「大死一番絶後に蘇る」ともいわれます。曽我量深さんの生涯かけての名言、「信に死し願に生きよ」もあります。

武道の指南書『葉隠《はがくれ》』でも「武士道とは死ぬことと見つけたり」とされ、「毎朝毎朝死に習い、彼《かれ》につけ此《これ》につけ死にては見、死にては見して、切れ切れて置く一つなり（巻二）」といわれます。この場合、「死」とは自己否定、一切放下《ほうげ》の態。死するところ「おのずから」なる道に生きる。自然《じねん》（おのずからしかる）の道、法爾《ほうに》（法のはたらきそのまま）の道理に帰らしめられる。

あらためて思い合わせますなら、誉田屋のお花久七も、老夫婦も、それぞれに身ぐるみ裸になって死した後、徒手空拳《としゅくうけん》まっさらに生きた人たちだったようにも思われてきます。

理知のとりこ

小泉八雲［果心居士］

再び、小泉八雲《ラフカディオ・ハーン》の『怪談』ですが、以前わが家の子どもに話して聞かせるお伽話《とぎばなし》の中でもトップの人気がありました。その一つが「果心居士《かしんこじ》」（『日本雑録』）です。

――戦国時代、京の祇園《ぎおん》の辻で、白い髭《ひげ》の老人が、往来の者に地獄変相図を掲げて、仏の因果応報の教えを説いていた。その真に迫る地獄の火焔や、亡者たちの血しぶきの様相は凄《すさ》まじく、人の目を引きつけた。都の織田信長の家臣、荒川某《なにがし》の目にとまり、「その絵を主君に献上せよ」と申し付けた。老人は「私の生計の資《もとで》だから、百両でなら売ろう」と拒んだ。

立ち去る老人の跡をつけて荒川は老人を刺して絵を奪い、主君信長に献じたが、軸を開いたら白紙ばかりで絵は消えていた。荒川は主人の不興を買い投獄され、幾日かして解かれたが、あの殺したはずの老人が清水寺《きよみずでら》の境内で、地獄絵を見世物にしていると聞き、驚き探索し、町はずれの酒屋で捕えた。

「妖術を使う悪魔め。わが主君に神妙に絵を差し出せ」

「百両払ってくだされば、絵は姿を現すでしょう。現れなかったらお代は戻します」といって、信長の面前で代金を受けとり、軸を開ければ言葉通り地獄の絵が現れていた。けれど、盛《さか》り場で大衆に見せていたあの迫力はなく、まったく生気を失っていた。

「正当な持ち主でない、心ない者の手で百両という値をつけられた絵は、百両分の生命力しか持たないのでしょう」といい捨て、老人は城から姿を消した。

荒川の弟、武一《ぶいち》が兄の不首尾に仕返ししようと、老人、果心居士の跡をつけ、居酒屋で酒を飲んでいた居士を、一刀の下《もと》に首を斬《き》り落とし、懐中の百両を抜き取り、包みにくるんで兄の邸へ届けた。包みを解くと中身は、欠け徳利と石礫《つぶて》ばかりだった。居酒屋で転がっていた首無し死体は、しばらくしたらむくりと起きあがり、どこへともなく立ち去った。

以後、果心居士の消息は絶えていた。その間に、信長は逆臣明智光秀に殺され、光秀が十二日間の短い天下の権を握った。光秀はまた都へ来ている居士の話を聞き、城へ招いて丁重に酒肴《しゅこう》をふるまった。居士は城内にあった酒を呑み尽くし、まだ満足していない様子。

「久し振りによく酔った。お礼に一つ不思議をご披露しよう」と、座敷の「近江八景」の屏風《びょうぶ》に描かれた、琵琶湖に浮かぶ親指ほどの漁船に向かい、掌《てのひら》で招くと、舟は湖面を滑ってだんだん大きくなり、同時に画面の湖水が溢れ出して、座敷一面が水浸しになった。

一同が裾を絡《から》げて騒ぐ間に、小舟は縁側にまで漕ぎつけ、居士が舟に乗り移るとたちまち船頭は櫓《ろ》をこいで、もと来た湖面を戻っていく。一同が声も出ないまま見送るうち、気が付けば座敷も屏風もまったく元のまま。ただ絵の中の漁船は遠ざかり豆粒となり、消え失せてしまった。

それ以後、果心居士は再び日本に姿を見せなかった。

この話、教訓が三つあります。

一つは心打つ美しい芸術品でも、万事金銭価値で仕切ったら、それ以上でもそれ以下でもなくなってしまうということ。私たちの理知分別が、一切のことを比較計算し、金銭価値に換算して計量計算する。そこでは、心もいのちも抜け落ちて、感動も衝撃も四散してしまいがち。テレビの「開運！　なんでも鑑定団」という人気番組。あれが、一つ違うと、この金銭価値万能、至上主義の虜《とりこ》になっている私が照らし出されます。

「どんな絵にも魂がある、自分の意志がある」、人々の心を揺さぶり、慴伏《しょうふく》させずにいなかった地獄絵も、百両という枠にはめられたとたん、干《ひ》乾《から》びた平板な百両分の絵に死んでしまった、と居士は信長や家来たちに説いています。それはそのまま現代の私たちへの警告です。

二つに、人のいのちの生殺《せいさつ》について。

前話にも書きましたが、北陸の念仏者、高光大船さんから、「仏法とは、死んだ人間を生き返らせるものだ。死んだ人間とは、お前みたいな者をいうのだ」と一喝《いっかつ》された若者、「おれはりっぱに生きておる。現に国鉄に勤めて給金をもらって、家族を養っている」と答えると、「それは、石炭さえ放り込んだら汽車が動くのと同じ、動いとるだけや」といわれ、それが契機《きっかけ》で仏法を聞き始めたそうです。

利害や怨憎愛執《おんぞうあいしゅう》で無造作《むぞうさ》に人命《じんめい》を奪う話がよくありますが、そこでは殺した側の者も、とうの昔死んでいるのに、その自覚がない現代の私たち。人の生命《いのち》の生き死にとは何かが問われています。

三つは、彼我《ひが》二つの境界。幽と明、夢と現《うつつ》、迷いと悟り……。およそ相対する二つの確たる境《さかい》はないのではないか。

榎本栄一さんの念仏詩で「境界線」を紹介しましょう。

この世　あの世と申すは
人間の我見
ごらんなさい
この無辺の光の波を
境界線はどこにもない

（『光明土』から）

第六章　あなたならどう生きますか

割に合わないこと

イソップ物語［蟻と甲虫］［蝉と蟻］

イソップ物語から、幼児向けの絵本でもよく語られる、アリとキリギリスの話。岩波文庫版『アイソーポス寓話集』（イソップ物語）には、「蟻《あり》と甲虫《センチコガネ》」、「蝉《せみ》と蟻」の二話が出ていて、キリギリスではありません。

――寒い冬の季節、蟻たちが夏の間に蓄えておいた食物をおいしそうに調理しているところへ、寒さとひもじさで疲れた蝉が、お裾分けを乞いにきます。

「どうして食物を貯えておかなかったの？」「歌うのに気をとられてその暇がな

かったんだ」「じゃ、夏中歌って、冬になったら踊っていればいいじゃないか」

と蟻たちはいいました、と。

甲虫の話の方では、蟻が甲虫に、

「私たちが汗水たらして働いているのを、笑ってばかにしていた報いだよ」

とあります——。

いずれも〝備えあれば憂《うれ》いなし〟といった、道徳教訓として語られていますが、原話では、この後、蟻が相手に食物を分けてやったかどうか、はっきり出ていません。私はその後、蟻がどうしたんだろうか、と気にかかっています。蝉、甲虫、キリギリス、いずれにせよ、蟻はこの、目先だけの快楽ばかりを追っかけて、地道に働くことを知らない、軽薄な怠け者の相手をたしなめながらも、食物を分けてやったかどうか、そこらを見届けたいんです。

話は飛びますが、十数年も前、よく海外旅行に出かけました。特にヨーロッパ諸国を巡りました。ちょうど欧州連合《ユーロ》が実現される前後の頃。一週間ほどの旅程に三カ国も四カ国も走り抜けるスケジュールで、ポンド、マルク、フラン、リラと両替の面倒さと、所持金の手数料での目減りがばかにならず、いらいらさせられたのがなくなり、バスに揺られてうとうとしながら、知らぬ間に国境を越えていく心易さに、今昔《こんじゃく》の思いを味わっていました。国境遮断機《ゲート》は姿を消して、税関の建物も取り払われました。「是れなる哉」と、平和共存の世の栄えを身に沁みて実感したものです。

ところが最近、そのユーロに破綻の危機が迫ってきました。ギリシャに端を発し、いくつかの国の経済危機、それを周りの国、とりわけ健全で実力を蓄えている着実な国々の力で、肩替わりして支援してやる破目になったものです。ここで私はあのイソップ寓話を思い合わさせられた、というわけです。

「どうしてわれわれが粒々辛苦《りゅうりゅうしんく》、せっせと働いて産み出した汗と脂《あぶら》の結晶を、あんなぐうたらな怠け者たちの尻ぬぐいに注ぎ込まなきゃならんのか。割に合わん。まっ平ご免だ」と赤んべえをせずにおれない人もいるわけです。このところヨーロッパ諸国の選挙では、ユーロに否定的な考えの民族主義者、右翼の台頭が目立っていると聞きます。その人たちの言い分もわからぬわけではありません。イソップの蟻の言い分です。道徳律、人間心の理屈からすれば、一言いわずにおれないところです。が、その後、蟻はどうするか、どうしたのか。

仏法の話につなげます。

こんな話を五十年余り昔のこと、聞いて世間に紹介したことがあります。愛知県豊明《とよあけ》市の水野辰三郎さん（一八六八―一九五二）という方。若い頃はやんちゃ者で職も転々、波乱に富んだ生活でしたが、四十代後半、ふとしたきっかけで念仏の教えに出遇い、故郷の田野に帰り、村人相手に仏法を語らいながら、明治・大正・昭和にわたる八十五年を生きた人でした。その逸話の一つ。

隣村富士松の忠七という極道男が、女房が居着かず、七人も取っ替えて「皆おらが追い出してやった」と豪語していたけれど、尾羽《おは》うち枯らして浮浪者にまでなりながら、「世間でお前のことを慈悲の人というそうだが、その気でおるなら、このおれを死ぬまで世話できるか」といい放つ。

「よしきた」と辰三郎は、忠七の求める分不相応な衣食の要求を満たしてやり、季節はずれの鰻《うなぎ》の蒲焼《かばや》きをねだられ、奔走して一日掛かりでやっと調え、夜半に届けた。が、「他人事だで手間がかかるわや」と憎まれ口をつぶやいて食べる忠七の根性は、死ぬまで直らなかった。

立居《たちい》もかなわなくなった忠七を、わが家へ引き取り、死水《しにみず》をとってやった。

「あんな穀《ごく》つぶしを、なぜそこまでも」と腹据えかねる周囲に、

「わがままをいうのは、それだけおれを頼りにしとるからだ。さすればあのわがままが、何とかわいいもんだがや。いうままにさせたりたいだけだわの」と笑って答えた、といいます。

ユーロはどうやら危機を免れて、財政再建の大波を一つ越えたようです。そのユーロに、二〇一二年、ノーベル平和賞が授与されました。

人間の迷妄に目を凝らせ

アルフォンス・ドーデ［最後の授業］

フランスのアルフォンス・ドーデの短篇小説集『月曜物語』の冒頭に、「最後の授業」というのがあります。ずい分以前から児童読み物などにも紹介されて、日本の私たちにもなじみの話です。

――その朝、小学生フランツ少年は、いつもみたいに遅刻ギリギリで、てんで予習していない国語の文法で、アメル先生から叱られはしないかと、気がかりながら登校した。途中、役場前の掲示板に人だかりしているのを見て、「また何かあったんか」くらいに気にもせず、教室へ入り、いつも通り皆とさわいでいた。

アメル先生が、ふだんとちがう晴れ着姿で教壇に立った。今日ばかりは、教室の後ろの方に村の大人たちも、参観授業みたいに大勢立っていた。

「皆さん。私の授業は今日が最後です。このアルザス・ロレーヌの学校では、明日からドイツ語でドイツの先生が教えることになります。フランス語の最後の授業です」

フランツはびっくりした。役場の人だかりはこれだったんか。僕にはまだろくに文章も書けない。さぼって鳥を捕らえ、川遊びばかりに夢中で、学校をずるけていたことが、いっぺんにくやまれてきた。叱られたこと、罰で打たれたことまで懐かしく思い出された。その日案《あん》の定《じょう》、文法の諳誦を名指しされても、何も答えられなかった。が、先生は叱らなかった。

「君はいつも勉強など明日やればいい、時間はあるとなまけていた。君だけじゃない。私たち皆、そうだった。大人は学問より目先のお金もうけしか考えなかった。皆そうだった。非難されるのは私たちなのだ」

つづいて先生は習字の時間で、「フランス・アルザス」と美しい大きな字で手本を書いた。そのあと歴史の時間、皆して読本を力こめて読んだ。村の大人たちもいっしょだった。

十二時の教会の鐘がなった。アメル先生は顔をあげ、「皆さん……」といった後、絶句して、黒板に向かい大きな字で、「フランス万歳《ばんざい》」と書いた。そして、黙ったまま家へ帰るよう合図をした。

――この話は一八七〇年から一八七一年（日本の明治三、四年）にかけての独仏戦争で、ドイツが大勝。アルザス・ロレーヌ一帯がドイツ領になった時の挿話です。

国と国の戦争による市民大衆の哀しみを、端的に語る歴史の一情景です。農産物や石炭、鉄鉱などの資源豊かな二国の国境地帯は、いつも独仏両国の紛争の因でした。何世紀の間、二国はくり返し奪い合い、殺し合ってきました。ドーデの物語の後、すぐまた第一次、第二次世界戦争でも。

七十年前、戦争に負けたわが日本は、すんでのことに北と南に二分され、明日からロシア語と英語を学ばされる、二大強国の植民地になるところでした。本当に危機一髪だったんでなかったか。現に同じ敗戦国ドイツは東と西に分割され、何十年も身内どうしが引き裂かれた暮らしを強いられました。ドーデが描く「最後の授業」以上に、深刻な悲惨な市民大衆の生活悲劇が、どんなにたくさん起こされていたことか。想像に余ります。

幸いにして、幸いにして、私たちの日本には、そういう経験が回避されるめぐり合わせになりました。

しかし、です。反面の歴史で、私たち日本人は百年余り前のこと、朝鮮半島を植民地化し、そこに住む人たちから、その国語を奪い、姓名を日本名に変えさせ、その人たちを必要以上にわけもなく、いやしみさげすむ風潮がいきわたりました。私も、子どもながらに身に覚えがあります。その人たちにとって、どんなに切なかったか、くやしかったか、堪え難かったか、ドーデの物語と重ねれば、心きしむ思いです。

日本が戦争に負け、戦争が終わって七十年になろうとする敗戦の日、八月十五日を迎えて、今ヨーロッパではドイツとフランスとの話し合いから始まって、二十七カ国が欧州連合EUに加盟、国境を撤廃し、通貨も共有、生産物などを話し合って流通させる仕組みを維持拡大しつづけ、つい二〇一二年にはノーベル平和賞を受けました。

そういう現代の歴史の流れの中で、今、私たちは宗教の名において、何を学び、なさねばならないのかを、あらためて思います。

それは、何をしてはならないのか、何をしなければならないのかを呼びかけあう前に、まず私たち人間は、黙ってほうっておいたら何をしかねないのかという、迷妄、妄執の根強い可能性に目を凝らすことでないのか。歴史はつねにくり返す。

三十年前、分割ドイツ（西）の大統領ヴァイツゼッカー氏が、議会演説した記録「荒野の四十年」が世界に公開されたとき、私たち仏教徒も大きくうなずかされ、感動と共鳴をともにしたことを思い返しています。

あとがき

『月刊住職』の毎月の付録「法話特集」に二ページ見開きの短文を載せていただくようになって十五年、二〇一五年十一月号で百六十四篇の連載となりました。その中から、二〇〇七年四月に『そんな生き方じゃだめなのが分かる本』で二十八話、二〇一二年十月の『落語で大往生』に、古典落語を題材にしたものばかり四十一話。そして、今年二〇一五年暮れにこの『だれでもできる大往生』四十一話を刊行していただきました。

日本仏教は元来、出家仏教であり、ごく選ばれた者だけの「だれでもできない」囲《かこ》いの中の厳しい修道でした。それを広く市民大衆に向け、「だれでもできる」道として開放したのが、在家仏教――浄土仏教でした。往生というのは浄土往生を意味し、その具体的な方法、修道が称名念仏《しょうみょうねんぶつ》です。それを最も内面的、質的に深めたのが、法然・親鸞両宗祖による浄土の真宗です。南無阿弥陀仏の六字名号を称《とな》えて、うなずき、深く身に体するとき、真の人間の生き方に身を置くことができるのです。南無阿弥陀仏とは、否定即肯定の道理をいい当てた真理の言葉、真言《しんごん》。この教えは浄土仏教のみならず、宗派を超えて日本仏教すべてに反映されています。

その意味は、法・道理に違背する自分を知らされる（否定）、その時即、法・道理と一つの自分に帰らされている（肯定）。その事実を、生活的体験的にうなずくのが称名念仏。「ただ念仏」といわれたって、口から音をたてているだけのこととはちがうわけです。その道を身を通して実地に往《い》った先輩がたの足跡に導かれて、その励ましの声を聞きながら、私もその道に立つ。

その先輩がたのおられる場は、狭くひからびた、七面倒臭い仏教世界ばかりでない。古今東西、人間の暮らしの周辺いっぱいに、いくらでも教材はころがっています。昔話にも落とし噺《ばなし》にも、映画、演芸やテレビ番組や新聞記事の中にも。それを私なりに拾い集めて紹介しているのが、十五年のこれらの連載記事です。これは楽しい採集作業です。どうか読んでくださる皆さんも楽しんでみてください。「だれでもわかる念仏道」で「だれでもできる大往生」の道を歩んでみてください。

三冊目の今回も、禿筆《とくひつ》の拙文に、軽妙で機知に富んだ、あたたかい挿絵を、いつもの山本慶子さんに引き受けていただくことから、本の題名はじめ一篇ごとそれぞれの取捨選択、章分け、章の見出し、表紙帯の宣伝文句まで一切、興山舎編集長・矢澤澄道さんと、書籍部の長谷川葉月さんに、丸々おまかせといった按配《あんばい》で、とんとんとまとめて刊行にまで運んでいただきました。まったく申し訳ないみたいな、ありがたい極みで、この度の刊行を押し戴《いただ》く気持ちでおります。

私事で恐縮ながら、この年（二〇一五年）が明けますと、私、算《かぞ》えで米《べい》寿《じゅ》（八十八歳）を迎えます。よくぞまあここまで、の感慨ひとしおです。天地仏恩のお恵みを身に浴びてなどといった、判でおしたお仕着せの感懐よりも、「悪運つよい奴だな、このおれは」といった方が実感です。甘い熟柿《じゅくし》は早く朽《く》ちるが、人の歯牙にもかけぬ渋柿は長もちするといわれる世の慣《なら》いを、身で実感確認させられております。値いせぬ、過分の身の果報をかみしめております。

かねがね主治医の先生から警告をいただいていた心臓の障りがもとで、昨年十一月、二度にわたり昏倒し、ペースメーカーを胸元に埋め込んでもらい、体調も漸次回復、今日に及んでおります。この先どれだけ世間さま、皆さまにお仕《つか》えできるか、たまわりますご縁に随《したが》って、分の限り力を尽くさせていただけたらと念じております。

二〇一五年十月

亀井　鑛

本書で取り上げた主な落語、説話、仏典など

本書で取り上げた主な人物

著者紹介

亀井 鑛（かめい ひろし）

1929（昭和4）年、愛知県生まれ。旧制愛知県商業学校卒業。会社役員。1950年代より名古屋市真宗大谷派珉光院同朋会で聞法をはじめ、2009（平成21）年まで同派教化紙『同朋新聞』編集委員を務める。またNHK・Eテレ「こころの時代」の司会者としても活躍。主な著書『今なぜ親鸞か』『父と娘の清沢満之』『日暮らし正信偈』『落語で大往生』（弊社刊）他多数。

初出誌
本書は、月刊『寺門興隆』および『月刊住職』（以上、興山舎刊）2003年3月号から2014年8月号までの連載をもとに編集したものです。

だれでもできる大往生
― 落語と説話に学ぶ「さとり」41話

2015年12月8日　第1刷発行

著者©　亀井 鑛
発行者　矢澤澄道
発行所　株式会社 興山舎
〒105-0012 東京都港区芝大門1-3-6
電話 03-5402-6601
振替 00190-7-77136
http://www.kohzansha.com/
印刷 製本　中央精版印刷 株式会社

ISBN978-4-908027-19-2　C0015
定価はカバーに表示してあります。
落丁・乱丁本はお手数ですが、小社宛にお送りください。
送料小社負担にてお取り替えいたします。